Outrageous Openness
Tosha Silver

とんでもなく全開になれば、すべてはうまくいく

宇宙の導きに任せよう

トーシャ・シルバー 著
釘宮律子 訳

ナチュラルスピリット

母と父へ捧ぐ。

『とんでもなく全開になれば、すべてはうまくいく』目次

序文

セレンディピティとは、神がその名を伏せておくための方法だと言われてきた。まったくそのとおりだ。私がトーシャ・シルバーに出会い、神との関係を真に開花させる方法を見つけたとき、明らかに神が動いていた。幸運にも、私は娘からのプレゼントによって、トーシャに星占いをしてもらう最後のひとりとなれた。その後、トーシャがこの本を送ってきてくれたのだ。それが、私があらためて神の霊に恋をした始まりだ。大喜びしたりホッとしたりしながら一日で読み終えたというだけでなく、私はこの本を神託《オラクル》として使いはじめた。今ではベッドの横に置き、何か大変なことに遭遇すると、ひらめきを求めて適当にページをひらく。このユニークで魔法のような本のおかげで、私はかつてないほど深く、自分の心につながることができた。

われわれの文化には真理とされる宗教的な教えがあって、私たちはその儀式の奴隷になるよう教えこまれてきた。そんな文化を当たり前と考えるなら、トーシャの方法は不敬な新風だ。彼女は自分自身を冥王星的で、ヒンズー教の女神カーリーの信奉者と表現する。カーリーはエゴの戯言《たわごと》を切り裂き、核心に触れる能力を持つとされる。私はトーシャの方法はまさに的を射ていて、爽快で、そして楽しいとさえ思う！　タトゥーを入れたこのヒップなヨギーニは、イェール大で英文学を専攻していた。

どうりで魂を動かす文章や詩を書く方法を知っているわけだ！

まるで乾ききった植物がようやく水をもらったかのように、私はこの本を目でも耳でも吸収した。それだけでなく、トーシャのフェイスブック仲間にもなり、毎日彼女の知恵をとりこんだ。そして、人生や心の痛み、問題、そしてジレンマを、トーシャが〝最愛の神〟と呼ぶものに捧げる方法を身につけた。ルーミーのようなスーフィーの詩人たちに始まる神とのこういうつながり方は、誰もが仲睦まじく情熱的に神と愛しあえるというトーシャのメッセージにも反映されている。

私自身の神の秩序との関係は、一九八〇年代のある朝に始まった。そのとき私は、フローレンス・スコヴェル・シンのThe Game of Life and How to Play It（『人生というゲームとその法則』）『人生を開く心の法則』（たま出版）、『人生を豊かにする法則』（PHP研究所）を読んでいるところだった。その本の指示に従ってベッドの脇に立ち、「無限の神よ、私にしるし《サイン》を送ってください。私の資質と才能を活かす第二の道をお示しください」と、声に出して言った。その日の午後、数年前に出会ったエージェントからいきなり電話がかかってきて、「今が本を書く絶好のタイミングですよ！」と言われたのだ。

それが、神の導きの真実に触れた初めての体験だ。神の導きについては、あなたが手にしているこの本に、見事にわかりやすく述べられている。

たいていの人と同じく私も、繰り返し念を押されないと神の秩序のことを忘れてしまう。エゴは物事を管理していると思いこんでいる。より偉大な力に問題を引き渡すなど、ばかげていると信じている。私たちの文化では、懸命に働き管理することばかりが重要視され、つかんでいるものを手放して高次の力の導きに従うなど、まるで見向きもされない。しかし何と言っても、困ったことを神に捧げると奇跡が起こると証明する、客観的な研究がひどく不足している。プラセボ効果や観察者バイアス（偏り）の影響を防ぐためにおこなう二重盲検法［訳註：医薬の効果を客観的に検定する方法］のような研究が。とはいえ、ここに私の経験もあるし、この生き方を享受する大勢の経験も紹介されている。

ひょうきんで楽しいエピソードを通してトーシャが伝えているように、神の秩序とは、願望すべてが瞬時に叶えられるとか、魔法のじゅうたんに乗って空を飛べるようになるとか、そういうことを意味するものではない。あるいは、好みを残らず捨て、受け身になって没個性化するよう求めるものでもない。むしろ、宇宙の自発的かつ創造的な衝動に、ひとりひとりが自分なりに波長を合わせるということだ。

私の話をすると、エージェントが刺激的な電話をかけてきたとき、私は幼いふたりの娘の育児と患者の治療で手がいっぱいだった。本の書き方など見当もつかなかった。どうやってそれをするというのか、ましてやそんな時間がどこにあるのかと思った。それでもやはり、最初の本につながったアイディアには、神的な運命が吹きこまれていた。そして私は、自分がこの務めをなすべく選ばれているとわかっていた。その道中、大きな試練がなかったわけではない。私は医学部でも研修先でさえも教わらなかった、女性に必要不可欠な情報を見つけていて、女性の病気ではなく健康に焦点をあてた前向きな言葉を、新たにつくらなくてはならないとわかっていた。しかし当時、私の懸命な取り組みにもかかわらず、書く内容を理解してくれた人はほとんどいなかったのだ。医者や出版社からは何の支援もない。拒絶ばかりのなかで、ただひとり、当時バンタム・ブックス社に在籍していたレスリー・メレディスだけが、私の論文に理解を示した。彼女は巧みに、そして見事に原稿の誕生に貢献し、全過程においてその価値を信じていてくれた。五年後、Women's Bodies, Women's Wisdom（『女性の身体、女性の英知』未邦訳）が出版された。原版も改訂版もニューヨーク・タイムズのベストセラーに選ばれ、十八の言語に翻訳された。本のメッセージによって人生が変わったという世界中の女性から、今も手紙が届く。

すべてが、自分を神に捧げて導きを求めるという、ちょっとした行動から始まったのだ。その本が神の流れの一部であると知っていたから、私は信念を貫き、最後までやり遂げることができた。神が招き入れられているとき、その体験はつねに魔法のようで、不思議なしるしが思いもよらないタイミングで現れることがある。そして今、トーシャの本の真価を認めたアトリア・ブックス社にレスリー・メレディスがいるとは、いわゆる偶然というのかもしれないが、なんと素晴らしいことだろう。彼女もまた必然的に、ここに辿りつくまでに困難な道のりを歩んできた。

トーシャのChange Me Prayers〔訳註：「私を変えてください」という祈りの数々。後に同タイトルで書籍化されている。ナチュラルスピリット刊〕は素晴らしく効果的で、私は本当の意味で、人生で〝神に主導権をとらせる〟ことができるようになった。本書『とんでもなく全開になれば、すべてはうまくいく』のことを周りの人々に伝えたくて待ちきれず、ヘイハウス社で担当するラジオ番組『フローリッシュ！』に、彼女にゲスト出演してもらった。長年医者としてやってきて心から言えるが、本書のメッセージは皆が必要とする薬だ。誰もがこの万能軟膏を必要としている――傷を癒し、その傷に意味を与え、すでに役に立たなくなったものへの執着を取り除くパワーがあるのだ。

私はいつも本書をいくらかしまいこんでいないで、受けとる準備のある人に処方している。この本が与えてくれる安心感ときたら並みではない。トーシャの伝える話は今時で、ユーモアにあふれ、皮肉っぽくて、そして人生を変える力がある。医療的な危機に瀕していようが、人間関係のどつぼにはまっていようが、適用可能だ。「問題が何であれ、完璧な解決策はすでに選ばれていて、正しい形で正しいタイミングにそこに導かれる」というトーシャのアドバイスは、これまで処方してきたどんな薬よりも、私をはじめとする大勢のストレスホルモンの代謝に役立っている。ただのんびり座って、直面している困難を神に捧げ、そして合図を待つ……私たちを罰しようと待ちかまえている白髪でひげづらの、雲の上の裁きたがりの男からではなく、拡大版の自分自身から。とるべきステップは示される。

　たしかに、役立つスピリチュアルなアドバイスを教える本は、世の中に数多くある。そして、〝現実化〟についての本はあふれかえっている。真面目な話、私はそれらを読み、誕生日のたびに目標をリストにすることを三十年以上続けていた。夢や目標の写真を貼ったビジョンボードを数えきれないほどつくり、前向きな宣言《アファメーション》を数えきれないほどした。それでもまだ……まだ……努力にもかかわらず、いくつかは手に入らなかった。しかしこの本を読み、神と波長を合わせられるようになると、神には私の限られた見方よりも大きな計画がある、ということがわかってきた。今では、私のものはかならずやってくると信じている。私は喜んで、ビジョンボードをすべて焼き捨てた。過去にそれらが役に立ったかと訊かれたら、はい、と答える。けれど、ああいう願望を、知性の及ばない偉大な叡智に引き渡すほうがもっと重要なのだ。

トーシャ・シルバーの伝える話はリアルで、ときに心を打ち、ときに笑いを誘うが、けっして説教じみていない。これはドライなスピリチュアル本ではない。ジューシーで素直な本だ。創意に富む話の数々は、彼女の以前のキャリアである占星術師、直観力者としての三十年にわたる経験から得たものだ。本書には道徳的な説明や解釈は何も見つからない。むしろその逆だ。彼女は長年かけて集め、創造してきたものを、寛大に分かちあっている。それは、本当の自分を思い出させてくれる、シンプルかつ深淵なテクニックだ。彼女は、どうすれば私たちのウソを断ち切れるのかを知っている——けれど、私たち人間のちょっとした弱点を綴る、哀れみ深い記録者でもある。もしあなたが不調を感じているなら、この本は思いがけない授かりもの、あるいは自分の中心に立ち返らせてくれる友になるかもしれない。私たちが住んでいるのと同じこのデタラメだらけの世界で、優しくクスクス笑いをしているか、あるいはにぎやかな笑い声をあげながら、トーシャは、あなたが自分自身のより高い本質を思い出して、それに波長を合わせていられるよう、賢く実用的な洞察を伝えている。この本に浸るといい。そうすれば、あなたにとっての神の形式と陽気で仲睦まじい関係を選ぶことができる。

さあ、皆さんにもこの楽しい本を読んでもらいたい。一度だけではない。たった二度でもない。繰り返して。メッセージを骨にまで染み渡らせよう。くつろいで、ゆったり座って、とんでもないくらい全開になって、最愛の神の導きを受け入れてみるといい。あなたの好きな神の形式でかまわない、その神の腕に身をゆだねてみよう。そして心の準備をしておくこと。きっと自分では築けなかった形で人生が開花し、成長するのを目撃することになるのだから。何かを伝えるしるしが現れていないか、注意すること。しるしはあちこちにある。思いもよらない方法であなたの魂を楽しませ、人生を明るく照らすのがその目的だ。

クリスティアン・ノースロップ医学博士

はじめに

この本は、examiner.comという情報サイトで二年にわたって執筆した、SF Spiritual Examiner［訳註：「サンフランシスコ・スピリチュアル調査人」という意味］というコラムを編纂したものだ。私は占星術師としての経歴が長いので、このコラムでは、現在と近い将来の星の運行のもとでうまく進路をとる方法を伝えることになるだろうと、当初は思っていた。けれどしばらくして気がつくと、人生の絶え間ない浮き沈みに関係なくいかに神に波長を合わせればいいか、ということばかり好んで書いていた。

疑いの余地なく、私たちひとりひとりにぴったり寄り添い、現実的な形で導き、助け、そしてかかわってくる愛の力が、どんな状況であれ存在する。

ただし、それを呼びこむ方法を知っていなくてはならない。

この力を呼びこんで一緒に人生のダンスを踊りたいという情熱が積み重なって、この本の誕生につながった。

〜〜〜

二〇〇九年にExaminerのコラムを書きはじめた頃には、占いを始めて二十五年が経っていて、世界中の三万人近くの相談にのっていた。彼らの状況はそれぞれ異なるが、問題の核心はほぼ一様に、「どうすれば安心を感じられるのか」、「どうすればきっとうまくいくと思えるのか」、「どうすれば心配がなくなるのか」といったことだった。ほかにも、「なぜこんなに寂しいのか」とか、「私は本当は誰なのか」というのもよくあった。占星術チャートやタロットカードを見て、比較的楽になる、あるいは大変になる時期を予言する方法はあるけれどそういう個々の情報自体が、人々の最も深い願いや真の望みを解決してくれることはまずない、と私は感じた。

そこで、私自身の人生を変えたものを、個人セッションに取り入れはじめた。それは、一九四〇年代の作家であるフローレンス・スコヴェル・シンの本を読んで探り出した、**神の秩序と源の原則**だ。神の秩序によれば、もしあなたが導きに身をゆだねるなら、どんな問題もすでに完璧な解決法が選ばれている。神の源によれば、すべての必要を満たす術《すべ》を知る宇宙の富がもともとある。この愛の力――シャクティ、神、女神、大意識など呼び方は何でもいい――と調和することが、すべての黄金の鍵だ。

ただしそれには、とんでもないほど全開になり、受け入れ姿勢になり、そして意識しつづけることが必要だ。

長年来の相談者のなかに、何らかのスピリチュアルな取り組みを何年もしているのに、頻繁に戸惑いや恐れ、そして心配に苛まれている人がいた。瞑想をし、詠唱し、ヨガをしている彼らが、かならずしも日々、神と同調する実用的な手段を持っているわけではなかった。ほかにも、教条主義的な宗教文化で育ったために精神的に疎外されている人や、こういう話題全般にすっかり懐疑的な人もいた。ところが、最も皮肉屋で疑り深い人でさえ、本書で紹介するテクニックを使って、一見ごくありふれた日常の場面で奇跡を目撃できているということがわかった。

誰でも、この神の原則とともに歩むことができる。次第に「物事を起こそう」というエゴの欲動がはがれ落ちていき、代わりにリラックス感と信頼感が出てくる。そして自然発生的に現れてくる答えを、受け入れられるようになる。ここでお伝えする方法は本当に誰でも使うことができ、練習すれば顕著に強まっていく。シンクロニシティや魔法が盛んに起こるようになり、一連の過程に対する本来の信頼感が強くなっていく。

そのためには、
徹底的に
全開になる、
という意志を持つことが必要だ。

Chapter One

SEEING THE WORLD AS YOU

第1章

周りの世界を
自分として見る

あなたが私のお母さん？

水辺で飲んではいけない。水のなかに飛びこみなさい。水になりなさい。
そうして初めて、あなたの渇きは潤されるだろう。
――ジャネット・バーソン

何年か前に、『あなたがぼくのおかあさん？』（鈴木出版）という、あかちゃん鳥がおうちを探してまわる可愛らしい本に魅了されたことがある。よちよち歩きの子ども向けなので、私はちょっと対象外の読者だった。

けれど、もっぱら隠喩的思考のおもむくままに生きている私にとって、この本には思いがけない魅力があった。女神愛好者の目には、すべてに女神が見え隠れする話として読めたのだ。グアダルーペ、ドゥルガー、ラクシュミ、観音、インドでシャクティとして崇められているものなど、私は大いなる母とくれば愛さずにはいられない。

きっとたいていの人は無意識のうちに、いたるところで彼女を探し求めている。私たちは、

「これが、目的地だろうか。もう肩の荷をおろしてもいいだろうか。安心していいのだろうか。ようやく自由になれるのだろうか」と言いながら、ひっきりなしに世の中に目を走らせる。

でもどこかで、この無常の銀河で誰もどこもそんな逃げ場を与えてはくれないとわかっている。何事も移り変わる。最も慣れ親しんだものさえも。砂曼荼羅《すなまんだら》が多彩で玉虫色の砂に還《かえ》っていくように、すべてがいつか存在の海に戻って溶けていく。

この絶え間なく去来する幻想のなかで、遠海で救命ボートに乗るみたいに、神に支えられて休むことも可能だ。すべては万物の本源から生じ、またそこに戻っていく。安全という幻想にいちいちしがみつくよりも、意識すれば、あらゆる状況で神の加護を見つけられるようになる。

何か特定の職業や生活の糧、あるいは人間関係を救いにはしたくなる。すると、たちまち最もかたく握りしめたものの奴隷になる。

しかし神を自分の源とするなら、何も持たず、楽に軽やかに人生を渡っていく。何であれ望むものをやってこさせ、去るべきものを去らせてやる。

すべての獲得と喪失に、ある種、不思議な神の摂理がある。

だからこそ、すべてのものや人が大いなる母となりうるのだ。

もし神が私たち皆のことだったら？

もし神が私たちのひとりで、バスに乗っているただの見知らぬ人だとしたら？

――ジョーン・オズボーン

道端に散らばっているのは、神からの葉書だ。

――ウォルト・ホイットマン

以前、スピリチュアルなメッセージを毎日配信するインターネットの会社から、声をかけられた。きっとあなたもご存じだろう。平和とか充足感とか瞑想について、毎日簡潔な文章を送ってくるあれだ。彼らはライターを探していて、どういうわけか私のことを見つけた。編集者が投稿文のサンプルが欲しいと言うので、私はそのとおりにした。するとすぐに、やや苛ついた感じの電話がかかってきた。

「失礼ですが、こんな小話ばかり書いて、いったいどういうおつもりですか？」彼女はピリピリした声で訊いてきた。「求めているのは、端的で含みのある宇宙の真理です。わが社がテーマにしているのは神で、本質以外のこまごましたことではありません。もし引き続き書きたいなら、特定の人物についての記述は入れないでください」

けれど、それは無理だった。私は子どもの頃から、〝普通の〟生活のなかでの神の話が大好きだった。珍しいワインやバービー人形を集める人がいるように、ひたすらそんな話ばかり集めていた。奇跡や不思議なシンクロニシティの話があると、私はとりこになった。そのうちに、神とありふれた日常は、私の頭のなかで完全に結びついた。ひとつの同じことになったのだ。

だから、私はこう答えた。「じゃあ、もし神がその話だったらどうします？　もし神が私たちの気をひこうと、絶えず道端の灯りをチカチカさせているとしたら？　もし物事をとりまとめる至高の原則が現にあって、それに下品で大胆なユーモア感覚が備わっているとしたら？　あと、ときどき開封してももらえないラブレターを毎日書いてくる求愛者を、誰もが内に持っているとしたら？」

彼女は、もう結構と電話を切った。

それでよかったのかもしれない。一部のスピリチュアルな団体は、人は進化すると自分らしさが削ぎ落とされて、一律に滅菌済の白い光になると信じている。個性はすべてエゴとして嘲りを受ける。そういうことが垣間見えるのは、どうすれば超然とできるのかという概念を真似てふるまい、個人としての流儀や言葉、そして特徴は消されるか、罰せられるような団体だ。そこから現れるのは、薄気味悪くて、特殊な用語を使う、フリーサイズの洋服みたいな、いわばステップフォードの探求者だ〔訳註：ステップフォードという小さな町を舞台に、夫たちの陰謀により妻たちが永遠に美しく、ひたすら従順なロボットにすり変えられるという映画『ステップフォードの妻たち』のこと〕。

ではそれ以外の道は？　ひょっとしたらそれは、ちょうど自然のなかに見られるように、神の多様性による騒々しいまでの祭典かもしれない。野生の花々が息づく豊かな野原が、毎年春の訪れとともに勢いよく生い茂るのに似ている。そこに咲く花はそれぞれ異なり、色とりどりの魅力にあふれている。

歴史上の聖人や神秘家について考えてみるといい。ひとり残らず、かなりとっぴでユニークだ。彼らは霊性についてのルール本に従うことには無関心で、自分の魂の真実をありのままに知ろうと燃えていた。

イエス・キリストを愛する多くの人が認めることだが、彼は歯に衣着せぬ民衆扇動家で、現代の教会ならほぼ立ち入りを許されなかっただろうという。インドの聖人であるジプルアンナはゴミの山の上で生きていたし、神秘家のラレシュワリはカルカッタの路上を半裸でさまよい、神の愛に熱狂していた。仏教の女神であるターラが誕生したのは、血気盛んなお姫さまが、女性のままで悟ることはできないと僧侶に言われたときだった。ターラはそれが完全な間違いであることを証明し、永遠に菩薩となった。

だからもし、人格神の最高表現があなただとしたら？　まさにこの瞬間の、栄光の傷を負った、そのままのあなただとしたら？

そんなことを考えてみている。

周りの世界を自分として見る

いかなる分離も、いかなる種類の離別や疎外も偽りである。すべてはひとつだ――これが、あらゆる対立への究極の解決策だ。

――ニサルガダッタ・マハラジ

周りの世界を自分自身として見ることは、インフレ化した自尊心、あるいは仏教徒が〝自己愛着〟と呼ぶ状態から抜け出すひとつの方法だ。私はこのことをじつに奇妙な形で、生まれてこのかた患っているアラクノフォビア、つまりクモへの恐怖心を通して学んだ。私のそれは、遅々とではあるが着々と薄れつつあるクモへの戦慄、とでも呼ぶのが合っている。記憶にある限り、私はクモを見るとかならず身がすくんだ。二十五セント硬貨よりも大きかったらもう完全にムリで、六歳児のように叫び声をあげて部屋から飛び出していた。何度友人やパートナーに半狂乱で泣きつき、空中輸送で外につまみ出してくれと頼んだかわからない。せめてもの救いは、クモを殺してはいけないと知っていたことだ。

あるとき霊能者から、インディー・ジョーンズのように、クモだらけの大桶のなかに埋もれて死んだ過去生があると言われた。なんという素敵な情景。ひょっとすると、ありうるかもしれない。

数年前にインドで、私は、美と富の女神ラクシュミに捧げる特別な火の儀式に出ていた。そのときふいに、金柑の実ほどの大きさのクモが私の手の上をササッと走った。私は息をのみ、はたき落とした。

ヒンズー教の僧たちが、今にも私を殴りとばしそうな勢いでつめ寄ってきた。「何をしている?」ひとりが怒鳴った。「偉大なるラクシュミご自身がダルシャンを、祝福をじきじきに与えていたのに。あんたはバカか?」と言って、彼は別の僧のほうを向き、ぶつぶつ文句を言った。「だから言ったのだ。愚かなアメリカ人をこういう場に来させるべきではないと」

さて、これには考えさせられた。

私はこの哀れな生き物に自分の恐怖心を丸ごと投影し、いっぽう彼女は、女神ご自身は、祝福を与えにきていたのだ。

もし彼女が、私から絶縁された一部だとしたら?

私は恐怖心が癒されるよう、真剣に祈った。

ある夜、ベッドに入って明かりを消そうとすると、ふいにゴルフボール大のクモが壁にいるのが見えた。

戦慄、冷や汗、心拍数上昇。

それから考えた。「そうだ、ちょっと話しかけてみたらどうだろう」

「あの」おそるおそる、私は口をひらいた。「ご訪問、大変光栄です。それも寝室に入ってきてくださるとはじつに縁起が良く、嬉しく思います」ここで一度深呼吸をし、気持ちを落ち着かせた。「ですから、まず約束させてください。ご心配されているといけませんから。けっして、あなたのことは傷つけません。ようやく私にも、あなたがどなたさまなのかがわかったのです」悪夢を延々と膨らましつづけていた物に対してあらん限りの愛情をかき集め、私は彼女を見つめた。

それから、続けてこう言った。「ですが、正直に申します。あなたのことが本当に怖いのです。それに、もしかしたらあなたも、今ちょっと怖いのではないでしょうか」そう思うと、意外にもかなり気持ちが落ち着いてきた。

私はまた深呼吸をした。「ですからこうしましょう、私の愛すべき女神さま。ここは大きな部屋です。あなたは天井を、私はベッドを使うことにしましょう。どうかそこに留まっていてください、愛しい多足のお方よ。そうすれば、私たちは美しい夜をともに過ごすことができます」

偶然かもしれないし、そうではないかもしれない。しかしまさにその次の瞬間、彼女は壁を駆けあがり、天井の薄暗い隅に滑りこんだ。そして足をたたみ、ほとんど見えないくらいぼんやりした影になった。

私は彼女におやすみを言い、平和に眠りについた。

朝になると、彼女はいなくなっていた。

その日の後になって、友人のエリンからメールが届いた。彼女は急に思い立って、書いたばかりの自分のコラムを送ってきたのだ……クモ恐怖症について。

それによると、原因は自分自身の力への恐れだということだった。

まあ、たしかに。

周りにいるのは、いつも自分自身ではないだろうか？

輪廻転生、愛、イエス・キリスト

一生をかけて望むキスがある。それは神の霊が体に触れてくることだ。
――ルーミー

私にとって過去生という考えは、いつも現実的に理解できることだった。それ以外に、ある人や場所が最初からものすごく親しみ深く感じられるのは、どう説明がつくというのか。あるいは、驚異的な才能が何の訓練もなしに芽生えるのはなぜか。モーツァルトはどうやって七歳でソナタを作曲できたのか。ロンドンのある少女が、ほとんど練習もしないでアリアを歌うのはなぜか。それに、私の知りあいのニューヨーカーがパリを訪れた初日から、地図もなく〝勘〟で街を歩けるのはなぜなのか。

以前、タンゴに没頭して育ったという日本人女性に占いをした。彼女は、京都の郊外で過ごした幼少期に情熱的なレコードを見つけ、それに正気を救われた。二十代で勉強のためにアルゼンチンに移り住み、その後はダンサーや講師として世界中を旅した。私は彼女がこんなことを言ったのを覚えている。「私の情熱的なラテン魂は、寒く湿った日本で生まれました」

そういったすべてが、私がなぜイエスにぞっこんなのかを説明づける。

私は、おじ三人といとこ三人がラビ〔訳註：ユダヤ教、ユダヤ人社会の宗教的指導者、律法学者など〕という、実直で申し分のないユダヤ人家系の出身だが、いつもイエスへの不動の愛に燃えていた。念のため言っておくが、キリスト教に改宗しようと思ったことは一度もない。ついでに言うと、それ以外の宗教にもだ。

私はただ、彼を愛していただけだ。

何年も前に、グリニッチビレッジの映画館で『アグネス』を観た。今も脳裏に焼きついている圧巻のシーンでは、メグ・ティリー扮するアグネスが初誓願を立て、修道院の木の床に横たわり、恍惚として、「私はキリストの花嫁です。私はキリストの花嫁です」と唱える。彼女の髪を落とした丸い頭、輝く金の結婚指輪、暗い色の修道服。気づいたときには、私はどうしようもないほど身を震わせ、むせび泣き、押し寄せる記憶に浸っていた。修道女としての過去生があったという以外に、これがどう説明できるというのか。

あぁ、私は週三回ヘブライ学校に通いながら育ち、バト・ミツバ〔訳註：十二歳から十三歳までの少女をユダヤ人社会の成員として正式に受け入れる儀式」も受けたのに、あの映画館で、イエスへの愛は大竜巻のように私を切り裂いた。私があまりに激しく泣くので、横に座っていた女の人がむっとした目つきでこちらを見て、別の列に移っていった。

そんなわけで私は、毎年クリスマスにはリビングルームに小さな銀色のツリーを置いて、きらきらしたティンセルや、ポップコーン、それにイルミネーション・ライトで飾りつける。子どもの頃なら、それだけでもシャンダ、つまり恥とされただろう。そして聖金曜日［訳註：イエス受難の日］にはかならず、サンフランシスコのグレース大聖堂で何時間も座って過ごす。この祝日が過越祭《すぎこしのまつり》［訳註：出エジプトを記念するユダヤ人の祭り］の神聖な一週間に重なっていたら、大聖堂の後に《ダビデ・デリ》に行って、マッツォボール［訳註：ユダヤ人が過越祭に食べる種なしパンでつくった団子］のチキンスープを買う。

けれど、私の心はあの十字架の上にある。

とはいっても、ブッダやロード・シヴァ、ガネーシャ、カーリー、シェキーナ、それ以外にもあらゆる神なる愛の形とも、ともにある。それらはまばゆくて、きらめいていて、魅力的で、魅惑的で、気持ちをうきうきさせ、日々まるで恋人のように私を魅了する。

だから私は、自宅の祭壇に置いた数々の像にキスをし、その小さな足をバラ水で洗う。アメジストと真珠で、小さなネックレスをつくってあげる。アーモンドやオレンジ、それに四川料理を食べさせることもある。

おわかりのとおり、私は神のこととなったら、完全に、徹底的に、複数恋愛同時進行派《ポリアモリー》だ。

でも正直言って、イエスはそんなこと気にしないと思う。

これっぽっちも。

Chapter Two

SHOPPING WITH GOD

第2章

神さまとお買いもの

うまくいかせようとする（神なしで）

高等な神のような存在に身をゆだねられるようになることが、私の人生にとって唯一最重要な教訓だった。

――シャーリー・マクレーン

抑制を手放し、直観に従い、内なる魂を解き放ち、伝統と決別しろ。
Let's Get It Started『レッツ・ゲット・イット・スターティッド』
――ブラック・アイド・ピーズ

中学三年生のとき、友だちと何か月かひっきりなしにあるゲームをした。誰かが何かを言ったらかならず、「セックスの最中は」とつけ加えるのだ。たとえば、「彼女はアンチョビの乗ったピザを食べるのが大好き（セックスの最中は）」とか、「彼はいつも数学の宿題をするのを忘れる（セックスの最中は）」とかいう具合だ。どういうわけか、これは何度やっても間違いなく、私たちを興奮の渦に巻きこんだ。

でも、あの頃は十四歳だった。

今の私は、あの新バージョンをやってみている。あなたは気づいているだろうか。誰かが何かの目標を持つと、真っ先に思いとどまらせようとする人がいるということに。少なくとも、あなたの試みがどれだけ無駄で、しんどくて、高くつくことか、まだ始めてもいないうちから知らせようとしてくる人には、出会ったことがあるだろう。

さて、改訂版ゲームでは、そんな彼らの言葉の後に、かならず「神なしでは」とつけ加える。

たとえばこんな感じだ。「こんな経済状況では、まっとうな仕事を見つけるのは無理だ（神なしでは）」とか、「あそこでは駐車スペースは絶対に見つからない（神なしでは）」とか。

この効果たるや、言葉では語り尽くせない。

〰

ある日、たまたま《ナショナル・パブリック・ラジオ》〔訳註：公共ラジオ放送〕をつけると、〝能率アップの専門家〟の仰天インタビューが流れていた。彼は先延ばし癖について本を書いていて、その『成功のためのアクション』でも紹介している四十四の〝決定的ステップ〟

を説いていた。私はたちまち笑いがこみあげてきてとまらなくなり、クレイ通りとディヴィサデロ通りの交差点の辺りで、安全のために車をとめた。哀れなインタビュアーさえも、面食らっている感じだった。

彼は訊いた。「それでは、視聴者のみなさんは四十四のステップすべてに、従わなくてはならないということですか？」

「もちろんです。どれひとつ抜いてはいけません」専門家は抑揚のない独特の口調で言った。「それも、きちんとした順序でおこなわなくてはいけません。そうでないと、うまくいきません」そう言って、再び四十四のステップを弾丸のように放ちはじめた。

私は遊園地の変な乗り物に乗ったみたいに、頭がクラクラしていた。

「うーん」インタビュアーが言った。「正直なところ、少しとっつきにくいですね。手始めに、もっとシンプルな方法はありませんか？」

「ありません」専門家は重々しく言った。「何を隠そう、これは科学的に考案された計画ですから。そして言うまでもありませんが、混乱してしまった人は、当セミナーを受講すべきです」

言うまでもない。

笑いすぎて出た涙を拭いながら、私には、「そうね。彼は先延ばしを克服する達人だわ

(神なしで)」としか思えなかった。

　思い起こせば、神の導きにゆだねる前の私の人生は、たしかに疲れる道のりだった。私は問題を抱えて、自称〝マスター〟に次々と飛びついた。多感な神経とかなりの注意欠陥障がいがあいまって、私の人生はよく脱線していた。

　でもどこかの時点で、おそらく進化というよりは疲労が理由で、私は神にかなりの主導権を託した。そして今も問題は起こるが、たいていは鮮やかで斬新な形で、解決策が後からやってくる。

　先日、おもしろいライターにカフェで会った。私たちは、行き詰まっていた私の本の企画について意見を交わしはじめた。

　彼女がこう申し出た。「あの、私ならお手伝いできますよ。普通こういうのは作成に三十時間かかり、料金は一時間につき二百五十ドルになります」

「うわっ、冗談でしょう?」私は息をのんで、急いで計算した。「七千ドル超えるじゃないの!」

「ええまあ。便利なお支払いプランもありますよ」彼女は言った。

　そのとき、私は思い出した。

　それは本の企画にかかる金額だわ(神なしでは)、と。

返事を保留してカフェを出た後、私は車に乗りこみ、神の秩序を求めて心をこめて祈った。

「これが執筆されることをあなたがお望みでも、私ひとりでは無理です。あなたは私の限界をご存じです。でも完璧な道筋はすでに選ばれているのですから、これがあなたのご意志なら、その扉をあけてください。これが起こるべきことなら、どうか正しい助けを運んできてください」

一か月もしないうちに、ニューメキシコに住むライター仲間から、思いがけない提案のメールが来た。

「ねえ、今夜いきなりあなたのこと思い出したの。もしまだあの件が進んでいないなら、私のを参考に使って。すぐに仕上がるわ」

彼女の言うとおりだった。

内なる登山案内人《シェルパ》

思いがけない旅の提案は、神からのダンスレッスンだ。
——カート・ヴォネガット

私は可能なときはいつも、計画を立てたり、あれこれ考えたりしないで、その日がいかようにも展開するのを受け入れて楽しむ。このスキルは練習すると上達するので、リラックスして勘に従えるような状態を意識してつくる。ストレスの多いときはとくに、潜在意識に主導権をとらせて数時間ぶらぶら歩けば、二週間休暇に出かけるくらいのリラックス感がある。

さて、私のお気に入りの冒険はこれだ。午後の計画を立てないでサンフランシスコ行きのフェリーに乗り、携帯電話の電源を切り、ただ歩きはじめること。先導するのは神だ。これを月に一度か二度、精神修行として始めて、かれこれ二、三年が経つ。友人や新しい恋人候補とお出かけをするなら、内なる主《しゅ》ともお出かけしない理由はないだろう。

機会さえ与えられれば、直観は確実に主導権を引き継ぎ、お出かけを案内する。その日に必要なこと次第で、旅は毎回異なる。私は普通、出発するときに祈りを言う。「今日の午後をあなたに捧げます。私を最も癒してくれて、最も必要なものを運んできてください」

どの旅もそれぞれ違っていた。近くの小山に次から次へと訪れ、ツインピークスまで登った元気いっぱいな旅もあった。ぼんやりしたくて、ベンチに腰をおろして木々を見つめ、鳥に餌をやった旅もあった。長いこと音信普通だった知りあいにばったり会い、その場で食事をしたことも何度かあった。ほかには、ｉＰｏｄさえも消して、完全な静寂で過ごした午後もあった。

大切なのは、心理的な広がりをいじったり遮ったりせず、自由にしてやることだ。そんな目的のない旅の最後にはいつも、完全な回復感がやってくる。まるで魂がストレッチをしてリラックスしきっていて、充分に走らせてもらった競走馬みたいな感じになる。ややこしい問題への創造的なひらめきや解決策が、ひとりでに湧いてくる。

ヒマラヤ旅行やヨガ合宿に出かけるよりも安く、玄関のすぐ外で、神はあなたの午後の友と案内役を務めようと待ちかまえている。

招き入れてみてはいかがですか？

住宅ローン危機

あなたの重荷を主にゆだねよ。
――詩篇　五五篇（『聖書　新改訳』日本聖書刊行会）

友人のローリは、サンフランシスコでアパートを賃貸し、北カリフォルニアに家も一軒所有していた。昨年秋に経済が降下の一途を辿りだしたとき、家の売却について半狂乱でメールしてくるようになった。

彼女は多くの人々と同じように、財産確保のために破れかぶれの策をとった。しかし不況が深まるにつれ、売却の見込みは日々悪くなっていった。投資価値が下がっていくのを目の当たりにし、彼女は高まるパニックのなかに沈みこんでいった。不動産情報管理サイト《ジロー》で数字を確認するたびに、精神安定剤ザナックスが必要になった。

私は彼女に、社会全般の恐怖心や欠乏感を吸収するのではなく、神を源として、そちらにエネルギーをつなぎとめておいてはどうかと話した。そうすれば市況にかかわらず、売れるべき物件なら売れるのだ。

これがそのステップだ。

〰

個人的関心を手放す。自分の獲得額や損失額ばかり気にするのをやめること。その代わり、自分と買い手の両方が利を得るような状況を祈る。家を、皆の利益のために捧げる資源としてイメージする。

神の秩序を呼び入れる。完璧な新しい所有者はすでに選ばれていて、すんなりやってくると断言すること。真に利益を得ることになる誰かをイメージしつつ、自分は神によって指定された金額を、正しい人から正しいタイミングで受けとると知る。

神を真の所有者として据える。そもそも家はどこから来たのか？　はたして本当にローリの物だったのか？　せめて神を信頼して、解決のために頭のなかで家を神に返そう。

執着を捨てる。結果についてのこだわりをすべて手放し、家への執着を残らず手放すこと。さもないと、解決を妨げることになる。執着がなくなると創造のスペースができる。難しいなら、執着を手放して最高の結果を受けとることができるよう祈る。どのみち一見どのような現状であっても、神が自分の源であり、自分は安全であると知る。

ローリは私と話した後、《クレイグスリスト》〔訳註：不用品の売買情報などを書きこめるコミュニティサイト〕に広告を出そうという強い衝動を感じた。

彼女は毎日、神の秩序を求めて祈り、完璧な買い手はすでに選ばれていると断言した。また、もし自分が家を持ちつづけることが宇宙の望みなら、その資金がやってくるとも断言した。彼女は完全に関心を捨て、いずれにせよ神が主導権を握っていて、自分は大丈夫だと言い切った。

二か月後、物件は売れた。仲介業者も使わず、あのコミュニティサイトの安っぽい広告を通して、生まれたばかりのあかちゃんを持つ爽やかな夫婦に、まさに彼女が必要としていた金額で売れたのだった。

導き手を来させよ

草の葉一枚一枚のそばで、天使が「育って、育って、育って」と声をかけている。
——ヘブライ神秘哲学の格言

ときどき占いを頼んでくるブルックリンのビジネスウーマン、ジェンナから、先週また電話がかかってきた。向こう意気が強くて頭の回転がいい彼女とやりあうのは、毎度楽しい。いつものように話は行き着くところまで行き、彼女はとうとう、神に頼るなんて私の頭がどうかしている、と主張しはじめた。

「妄想みたいなものだって思わないの?」彼女は訊いた。「仮に神がいるとしても、私が駐車スペースを見つけられるかどうかとか、そういうくだらないことにどうして神が貴重な時間を使うの?　それにその大いなる力とやらは、私がエンチラーダを野菜入りにするかチキン入りにするかを気にかけたりするかしら?　大虐殺にかまってて忙しいかもしれないって、あなた思わないの？」

ふむ。もし昔流の神をイメージしているなら、つまりチャールトン・ヘストン張りのいい声をした、天にいる大忙しのひげ顔の男を神と想像するなら、それはもっともな疑問だし、ジェンナの考えは正しいといえる。でももし、神が私たちの内にも外にもある無限の愛の力だとしたら、ごくちっぽけなことだって助けてもらえないわけがない。自分がその力の一部であるなら、助けがひっきりなしに流れてくるに決まっている。

ただしそれは、こちらが開け放たれていたらの話だ。

いつも呆れ驚くのだが、何年も瞑想をしている人でさえ、この神の助けや指示に抵抗する。まったく、最終的にエゴが指揮をとるなら、いろんな講座とか伝授とかヨガの三角倒立とかが何の役に立つというのだろう。

瞑想保養センターの所長を二十年間務めていた人から、以前、不安そうな声で電話がかかってきたことがある。彼女は職を追われたばかりで、傷つき、怒っていた。それだけ長くスピリチュアルな施設を運営してきながら、神は代わりの計画を用意してくれているかもしれない、と信じられないでいたのだ。ようやく彼女本人がその究極の皮肉を笑い飛ばしたとき、パニックはおさまった。そして、神の秩序を呼び入れることに同意した。

その夜、彼女は祈った。

「私の完璧な新しい道はすでに選ばれていて、正しいタイミングでやってきます。私はそれを受けとるべくステップを示されます」

その後、向かうべき方向の目印がすでにいくつかやってきつつある、と彼女がメールで知らせてきた。そのひとつはインドを旅することだった。それは彼女にとって長年の夢だったが、あの規律の厳しい仕事に就いているときは無理なことだった。

さて、ここで実験してみよう。もし何か悩んでいることがあるなら、力ずくで解決しようとしないで、神の秩序を呼び入れるのだ。正しい解決策はすでに選ばれていて、正しいタイミングで無理なくそこに導かれると受け入れよう。

それから、手放す。

現れてくるステップに従って進む。

道は示される。

神さまとお買いもの

プロノイアとは、世界中が自分に祝福を降り注いでいると訝ることだ。
――ロブ・ブレズニー

別の実験を紹介しよう。周りの世界はあなたのことを助けたくてしかたがない、鼓動する生きた愛の力であると思いながら、一日を過ごしてみるのだ。そして、このエネルギーとの絶対的一体感を体験する。

祈りはこういうのがいいだろう。

「今日、神は道を示してくれます。私はすべてのメッセージやしるし、そして予兆に対して全開です。事の大小を問わず、人生の全側面において私を助けようと待ちかまえている愛の力が存在するつもりで、行動します」

私は取るに足らないことでよく神の助けを感じているので、高くつきそうな問題がやってきても、信じる心は変わらない。

〰

あるとき、いとこの結婚式に着ていくドレスを、たった数時間で見つけなくてはならなかった。おまけに旅行から帰ってきたばかりで、予算的にも苦しかった。

早速、私は神の秩序を求めて祈り、完璧なドレスはすでに選ばれていて、私はすんなり楽々とそこに導かれます、と断言した。

それから、体の衝動を意識した。

するとすぐ、予想外に、それも強烈に、買い物地獄の七層目直結のあの大型衣料品店、《ロス・ドレス・フォー・レス》に引きつけられた。

（まさかと思うかもしれないが、本気で神との買い物をマスターしたいなら、ぜひこの店に行くといい。ここを制覇すれば、ほかはどこでもいける）

店内に入ると、会計を待つ長蛇の列が延々と店の奥まで続いていた。放棄された服が床に散乱し、難破船のシーンみたいになっていた。小さな子どもたちが泣き叫び、誰かがレジで返金を求めて金切り声をあげていた。セリーヌ・ディオンが大きな歌声で、「新しい一日が《ア・ニュー・デイ・》やってきた《ハズ・カム》」、と約束していた。私はまるで救命ボートさながら神の秩序にしがみつき、もちこたえた。

十分後、放棄されたドレスが山積みになっているカウンターを物色した。ノースリーブ、紫のローシルク、ショート丈、ちょっとセクシー、私にぴったりのサイズ。ダナキャランがロス用に下げたドレスで、百七五ドルが十九・九九ドルになっていた。

決定！

果てしなく続くレジの列に向かって歩きだしたとたん、レジが三つあいた。待つあいだ、うしろにいた赤毛の人が素敵な笑顔で、「わあ、すごくいいドレス。これ欲しい？　ぴったりの色だもの！」と言い、ダングル・イヤリングを私の手に押し当てた。

入ってから出るまで、二十分。

練習すれば、どんどん楽に助けを受け入れながら世の中を渡れるようになっていく。たしかに日によってとらえがたい微妙なこともあれば、劇的なこともある。でも、ひとまず試してみてはどうだろうか？　脳波を新しい思考パターンにセットしなおすために、二十一日間続けて練習するといい。どのみち結果に満足がいかなかったら、冷酷で孤独な共食いの銀河をいつでも取り戻せる。何のおとがめもない。

全額払い戻し。
人はよく、まるで神の援助がないかのように行動する。

Chapter Three

WHEN YOU KNOW THE ONE, ANYTHING CAN COME

第3章

万物の本源を知っていれば、何でもやって来うる

神なる単一の源

なぜ心配するのか？　あなたに差し向けられるものはつねに、あなたを見つけ出すことになっているのに。
——インドの詩人、聖者　ラレシュワリ

神の源という考えが私の人生をとらえているのには、もっともな理由がある。生まれつき心配性の私だが、パニックが何の役にも立たないことはわかっていた。それどころか、ついにはストレスのせいで副腎系が丸ごとトランプの家みたいに壊れていった。

その後、今から二十年ほど前に、フローレンス・スコヴェル・シンの書いた一九四〇年代の珠玉、The Game of Life and How to Play It（『人生というゲームとその法則』）を見つけた。この昔風のいっぷう変わった本から、私は神の秩序と源について学びとれるだけ学びとった。

神の秩序によれば、何であれつねに完璧なものが選ばれていて、あなたが波長を合わせるなら、そこに導かれる。さらに神の源によれば、すべては万物の本源から生じている。波動を高く保ち、すべての究極の源に波長を合わせる方法を知っていれば、必要なものは何であれかならず現れるのだ。

あなた自身は脇に寄り、しるしに従い、最高の結果を呼びこむことを学ぶ。そして結果を操作するのをやめる。シンクロニシティが盛んに起こるようになる。それはまるで、飛行機に乗って乱気流の上に抜け、空気の澄んだ広々としたところに行くようなものだ。あるいは、水を求めて一軒一軒訪ね歩くのではなく、純粋な川の水を飲むようなものだ。あなたは流れの向かう先を信頼し、どうすればその流れに乗って動けるかを学んでいく。

ばかげて聞こえるかもしれないが、神を究極の保護として、仕事や財産、そして必要なすべての源泉とすれば、経済状況さえも関係なくなる。あなたは見かけの経済的現実である乱気流の上へと自分の波動を上げ、万物が生じる手のなかに入っていく。すると誰も、どこも、何も、自分の基盤には見えなくなる。

ただ神をおいては。

すると、宇宙はあなたの必要を満たすために、望むものを何でも使うことができるようになる。あなたはもう、条件づけされた頭で考える可能性に制限されなくなる。

昨年の夏、私は妙に宙ぶらりんな感じがずっとしていた。迷子になったような、舵取りを失ったような、私にしてはかなり珍しい感覚だった。

そこで私は、神にしるしを送ってくれるよう祈った。「信じる心を持てるよう、私がたった今理解する必要のあることを、お示しください」

それからまもなく、八月のうだるような暑さのある日の午後、カリストガというカリフォルニアの小さな温泉保養地を訪ねていた。ふと、長い灰色のシマヘビが私の横でしゅるしゅると道を進んでいるのが目に入った。旅の友にしては変わっている。観光客たちは気づかず通り過ぎていった。彼女はまるで、私のためだけにそこいるかのようだった。次の角まで一緒に進むあいだ、私が立ち止まると彼女も動きをとめた。彼女に触れてみたいという思いがたまらなくこみあげてきたが、私が手を伸ばしたとたん、彼女は素早くフェンスの隙間に滑りこんでしまった。

オークランドの自宅に戻った二日後、鋭い目つきのアジア系の美男子が近づいてきた。驚いたことに、彼の腕にはエメラルド色の大きなニシキヘビが巻きついていた。

「なでてみたい?」うっとりするような笑顔で、彼が訊いてきた。私は小さな二又の舌をちらつかせる彼女を肩に這わせ、ずっとそこに立っていた。ヘビは蠍《さそり》座の象徴として死と再生、そしてシャクティそのものを表すので、私はたちまち落ち着き、安心を感じた。

二度、返事は届いていた。

古い皮膚がはがれ落ちるままにしてやっていれば、再生は訪れていたのだ。避けようもなく、私はしかるべきタイミングで人生の次の章に導かれることになっていた。

昨日、この一連の出来事について考えながらベイ・ブリッジを運転していると、白い大型トラックが横に並んだ。私が速度をあげると、あっちもあげた。私が速度を落とすと、あっちも落とした。いったい何なのかと思っていたところ、トラックの名前が目に入った——「唯一の源」。そして、「唯一なるもののパワーを体験しよう」という巨大なロゴが見えた。トラックの運転手が唐突に微笑みかけてきて、タトゥーの入った腕を振った。

了解。

ちっとも微かじゃない。

ペテン師にやられたら

皆に言われたことと反対のことをすれば物事はうまくいくと、私は七歳になる頃にはわかっていた。

――ケリー・クラーク

ゆるしは、あなたの善を果てしなく引き出す磁石だ。過去の記録を消し去り、現在で受けとることができるようにしてくれるのだ。

――キャサリン・ポンダー

トニーという男が、私の友人のジェーンとつきあうようになった。彼は、ポーランド系ユダヤ人の私の祖母に言わせるとしたら、〝人当たりのいいペテン師〟といったタイプで、ほぼ誰でも手玉にとることができた。彼はジェーンの友人にひととおり声をかけ、きらびやかなマーケティング計画への投資話をひとり五千ドルでもちかけた。私のなかではインディ・カーレース並みに赤旗がはためいていたが、我ながら驚いたことに、ほかの皆と同じように渋々とお金を渡した。

忘れもしない、勘を無視した一例だ。

だが、彼はじつにプロだった。

次第に問題が次々とでっちあげられ、しまいにペテン師は金を持って姿を消し、後に残されたのは、つながらなくなった電話だけだった。

私たちの反応はさまざまだった。ある人はハーレーに飛び乗り、「見つけ出して、いまいましい脚を二本ともへし折ってやる」と誓って、トニーの新境地と噂されたセバストポルに向かった。ほかには探偵を雇った人もいた。人々は何週間も、被害者としての怒りを電話口にぶつけた。でも、トニーは蒸発してしまっていた。

私はといえば、ペテンにかけられるほどの世間知らずではあったが、少なくともどんな霊的行動をとるべきかは心得ていた。

私は何より心の平和を取り戻したかった。

そこで、こう祈った。

「トニーと自分自身をゆるすことで、彼とのカルマを解消させてください。私を怒りや憤りから自由にしてください。あなただけが、私の豊かさの完全な源です。私の財産はすべて、神の秩序に包まれています」

友人たちは、彼をゆるすなんてバカだと言った。でも繰り返し祈っているうちに、ごたごたの一切を捨てるのが楽になってきた。

六か月ほど経ってこの大失敗を忘れかけた頃、トニーの〝共同経営者〟を名乗る男から電話がかかってきた。彼は私に用があると言った。

エメリービルのカフェで会うことに同意した私は、最高に向こう意気の強くてタトゥとピアスだらけの友人を、ボディーガードとして引っ張っていった。でもそんな必要はなかった。トニーの仲間は現金の入ったマニラ封筒を持って、穏やかに待っていた。

それどころか、『ザ・ソプラノズ　哀愁のマフィア』かぶれの人みたいに、こう言った。

「聞けよ、トニーのやつがペテンをはたらきまくったな。あいつは人を見ればかならず手を出すからな。だけどあんたには、これを持っていてほしいそうだ。嘘じゃない、自分でもなぜだかわからないってよ。正直言って、あいつはあんたから奪ったら心穏やかじゃなくなっちまったのさ」

よく聞いてほしい。神を金銭的、情緒的、そして霊的豊かさすべての源泉としたいなら、想像の及ばない無限の善に対して全開になることだ。人や場所や物はどれもかりそめのはかない姿形にすぎず、神があなたの必要とするものを運ぶためにある。

もし私が怒ったままだったら、トニーはけっしてお金を返さなかったはずだ。私の憤りがその流れを妨げていたことだろう。しかし彼をゆるせるよう祈ったことで、扉がひらいたのだ。

さらにそれが、神の源がいかようにでもお金を補えるようにした。ひとつの供給源が枯渇しても、つねに別のところから流れてくるのだ。

万物の本源を知っていれば、何でもやって来うる

すべての需要に対して、供給があります。
――フローレンス・スコヴェル・シン

神の源によれば、万物がひとつであるレベルに波長を合わせれば、完璧な形で必要が満たされる。たいていの人はそれと対極の生き方をし、まるで船にくっついたふじつぼみたいに(おまけに、ときどき一緒に沈んでいくこともある)、特定の状態に執着している。

神の秩序によれば、最悪の人間関係や仕事さえも、宇宙が善を運ぶべく使う伝達装置である。

ひとたびこの認識にしっかり根をおろすと、しがみつくのをやめられる。正しいタイミングで、正しい方法でつねに与えられるとわかっているからだ。留まるべきものは留まり、去るべきものは去る。

この認識を維持するにはひたすら練習が必要だ。というのも、このイカレた文化は、しっかりつかんでいないと失ってしまうと、おどろおどろしく警告してくるからだ。

でも実際は、まさに逆だ。

ミュージシャンである友人のスコットは、ジョーンというお気に入りのギタリストからメールをもらった。彼女は宣伝のためのアドバイスを欲しがっていて、スコットは喜んで力を貸した。

その後、以前から近づきになりたいと思っていた相手がジョーンの知りあいだとわかり、スコットは彼女にメールを書き、その人を紹介してくれないかと頼んだ。

ジョーンはぶっきらぼうに、「ごめん、忙しいの」と、返事をよこした。

スコットは激怒して、真っ赤な顔ですぐさま私に会いにきた。

「わかったわ、あのね」私は言った。「あなたはもともと、何かをもらおうと思ってジョーンに力を貸したわけじゃない。親切で助けたんだし、もし神にまかせるなら、彼女からは何ももらう必要がないわ。きっと彼女は競争心が強すぎて分かちあうことができないのね」

「だけど、もしあなたがその人とつながりたいなら、正しい形で正しいタイミングで導かれる。絶対に、ジョーンはあなたの源じゃない。それに、彼女への怒りを手放さないと、流れを妨げることになる」

スコットは納得いかないという表情で、しぶしぶ同意した。

一週間後、彼からにぎやかな声で電話がかかってきた。先ほどカストロ地区にあるクラブに出かけたところ、そこでたまたま出会った男性が例の近づきになりたかった相手と親しいとわかったらしい。

ふたりは次の日の夜に、一杯飲みにいくことになったそうだ。

神の秩序と電話会社

もし神に「これはひどい！」と言うと、神は、「ひどい？　あなたはまだ見ていません、何も」と言う。そしてもし神に「これは良い」と言うと、神は、「良い？　あなたはまだ見ていません、……」と言う。

――ユダヤの古いジョーク

インドでは、グルつまり師に向かって家が小さいと文句を言う男の話をする。グルはその男にこう言う。「いいですか。羊を一匹探してきて、家のなかに入れなさい。信じて、やってごらんなさい」

男はそのとおりにし、当然のことながら家はいっそう手狭になった。再び男がグルのもとに行くと、雌牛を一頭、犬を一匹、鶏を一羽、仔牛を一頭と、我慢しきれなくなるまで入れつづけるように言われた。男がとうとう半狂乱になってまた師を訪ねると、「では家に帰って、動物を外に出しなさい」と言われた。

男がまたグルを訪ねると、グルは微笑みながら言った。「今は家が広くなったように感じませんか?」

私にもそんな経験がある。相手は電話会社だ。

固定電話と携帯電話、そしてインターネットの合計請求額に、私は毎月呆れ驚いていた。税金や追加料金が加算され、約束したはずの値引き料金とはちょっと違っていたのだ。だがある月に、《キーセキュア》というクズ集団から四二・九五ドルの請求がきたときには、さすがに愕然とした。記載事項の欄には、月々の〝マーケティング〟料金と書かれていた。

こんなものは絶対に許可していないという確信があったので、私は《AT&T》に電話をした。すると、十分間シーザーサラダみたいにぽんぽんあちこちにまわされた挙句、《キーセキュア》に電話をしろ、とぶっきらぼうに言われた。深呼吸をしながら、私は電話をかけた。保留音の映画音楽が二十分間鳴り響いた後、イライラした代理業者が電話口に出た。彼は私が許可したと断固として言い張った。それから、〝以前の通話記録〟を流しはじめたのだが、聞こえてきたのは大量の雑音と、ヴァイコディン鎮痛剤を飲んだドリー・パートンみたいにぼそぼそしゃべる変な女の声だった。

「だけど、それ私じゃないわ!」私は悲鳴にも近い声で言った。「よく聞きなさいよ。ほんのちょっとでも、私に南部訛りがある？」

「ですが、これはお客様の声です」彼は怒鳴った。「お客様が覚えていないだけです。お客様が一月二十七日に許可したんです。だから、私に怒らないでください。それと来月にも請求がいきます。そのまま少々お待ちください」と言って、また『キャバレー』の音楽を流しはじめた。

みるみる血圧が上昇していたとき、私はふいに神の秩序のことを思い出した。私としたことが、忘れるなんてどうかしていた。

「私は全生命力をかけて神を私の源として求め、このごたごたの重荷を投げ捨てます。私の代わりにこれを執りなしてくれる完璧な人々が、正しい瞬間にやってくるよう祈ります」

心理的なほつれがほどけ、私はまた息ができるようになった。そしてふと《AT&T》に電話をかけなおそうという衝動を感じて、まったく新しい銀河へと入っていった。

私は親切で穏やかな女性に助けられた。彼女は、《キーセキュア》に関する苦情を毎日受けとっていることを認めた。そして、請求を取り消して、再発したらまた取り消すと申し出てくれた。〝運がよく〟ない限りは何か月か請求が続くかもしれない、と謝罪しながら、登録をキャンセルできるよう別の電話番号を教えてくれた。

私は、しっかり集中して神の秩序を求めて祈りつづけた。それから、《キーセキュア》の別の番号を押し、保留音の『サウンド・オブ・ミュージック』がかつてないほどおぞましく響くなか、座って待った。今度は明るい声の人が応対し、すぐに登録を削除してくれた。

だからあのインドの男みたいに、今の電話代はまるで超特価みたいに思える。

宇宙のチップ

助けを拒むと、ときに相手の助ける喜びを拒否することになる。
――作者不詳

ある健康食品店に行くと、クイック・マッサージ・コーナーがあった。そこに控えめな感じの女性が、「五分間無料お試し」という張り紙を出して座っていた。

あらがえるわけがない。

私が腰をおろすと、彼女は言った。「じつはここ、午前中ずっとガラガラで。十五分のマッサージをプレゼントします」

やってもらってわかったのだが、彼女はとても才能があった（私にはわかる。何年も前、私もボディワーカーだった。大学を出てすぐに――法科大学院でなく――マッサージ学校を選んだことで、両親に潰瘍ができかけた。でもその話はまた別のときに）。

彼女は頭と首に素晴らしいマッサージをしてくれ、私はチップをはずみたくなった。けれど彼女は、プレゼントだからいらないと言い張った。そして賛辞と感謝に照れながら、こう説明した。「私は与え役で、受けとり役ではないんです。一週間でマッサージをたくさんしますが、私自身がマッサージをしてもらうことはまったくありません」

ふむ、これはかなり信じがたかった。彼女は最高に素敵な癒しのエネルギーを持っているのに、自分自身は褒め言葉のひとつにも、チップにも、マッサージにも値しないと感じていたのだ。

何年も前、私もそんなふうだった。「でも変わるのは難しくないわ」と、私は彼女に言った。「自分の内に向かって言うの。『日々、簡単に受けとれるようになっていきます』って。理性でどう考えようとも、潜在意識はそれを信じるようになるから。それに祈ってもいいの。『何かを差し向けられたら、自分はそれを受けとるに値すると感じることができますように』って」

「それに」私はクスッと笑った。「宇宙があなたに与えたいとしたら、どうしてあなたがそれを起こりにくくするの？『いらない』って言うあなたは、何様かしら？」

まるでちょっと愉快なおしゃべり好きのエイリアンが、テレポーテーションして横にやってきたとでも言わんばかりに、彼女は私を横目で不審そうに見た。

気にならない。

私は彼女に礼を言い、幸運を祈った。五分後、彼女が私の後を追って駐車場に走ってきた。「あの」彼女は表情を輝かせていた。「私、本当にこれを変えないといけないんです。冗談じゃなく。私、受けとらないと」そう言って、手を差し出してきた。「だから、ありがとう！　さっきのチップをいただきます！」

私たちはふたりして笑いだした。

「いいことだわ」財布を取り出しながら、私は言った。「だって、私は本当にあげる必要があったから。ぜひ今度は、これであなたがマッサージを受けてね」

彼女は微笑んだ。「ぜひ」

Chapter Four

FOLLOWING THE INNER LEAD

第4章

内なる道案内に従う

箱のなかで考える

招かれていようがいまいが、神はここにいる。　――C・G・ユング

問題を解決するには、その問題を生みだしたのと同じ意識レベルで解決することはできない。
――アルバート・アインシュタイン

いつも次の災難を心配する多感な魚座の母のせいか、あるいは自分自身が東海岸のユダヤ人だったせいか、私は万年心配性として育った。いずれにせよ二十五歳になる頃には、文字どおり恐怖で病気になりつつあった。

生き延びるために、私は変わるしかなかった。

最初に学んだテクニックは、神の箱だ。

ただ心配事を紙に書いて、容器か何かに入れるのだ。いくらでもシンプルにしていいし、優雅にしてもいい。新たな心配事がやってきたら、つねに箱に入れる。神がそれをしてくれ

るイメージをはっきり思い浮かべる必要さえない。捧げる対象は自分自身の最高の英知でもいいし、空に鳥を浮かせる力でもいい。そこは何でもかまわない。

簡単すぎるように聞こえるかもしれないが、正直言って、これは効く。もし同じ問題に苦しめられたら、「それは箱のなかです。もう終了しています」と思い出すこと。問題は好きなだけ入れていい。研究によれば、思考は二十一日で調整しなおすので、ひとつの問題につき、少なくともそれくらいは信頼してゆだねてみよう。

捧げているあいだに、しばしばひとりでに解決策が現れてくる。頭で考えて答えをつかみとろうとしていないと、余裕が生まれる。ありえないほどの混乱のさなかでも、箱は神の計画を取りこむ余地を与えるのだ。

私が最初に箱を使ったのは、無謀にも新しいアパートを探していたある夏のことだ。友人たちは親切にも、ベイエリアの空き部屋率はつねに三パーセントという低さだから、手頃でまともな物件を見つける確率は無に等しいと言いつづけた。でも箱のことを教えてくれた先生は、確率もパーセントもまったく関係ないと言い切った。要は、捧げることなのだ。

戸惑いはあったものの、私は好奇心で最初の紙を走り書きし、箱に入れた。「私は今、正しいアパートに正しいタイミングで導かれつつあります。この件はすでに対処されています」

一か月もしないうちに、かかりつけの獣医が私の仔猫のミミダニの検査をしながら、何気なく訊いてきた。「まだ物件を探しているんですよね？　私、一か所知ってますよ」

彼女は正しかった。十五年後、私はまだそこに住んでいる。

あなたもしばらくすれば、このプロセスを信頼できるようになる。解決の詳細はどのみち明かされていくので、気にしなくてもいいことに気づく。大切なのは、心の底から徹底的に、問題を渡しきることだ。

箱は神の秩序を完璧に補完するもので、お望みなら神聖な場所として、祈りや宣言を保管しておける。現実的思考の人には、こういう具体的な場所はとても役に立つ。

さあ、これをやって不安以外に失うものはある？

囁きから叫びへ

信頼の街は、疑念というぬかるんだ地盤の上に築くことはできない。
――アルベルト・シュバイツァー

無神論者が信じない神は、どのみち絶対に存在しなかった。
――作者不詳

私とは最も無縁そうで最も親しい友人のひとりは、地元の大学で経済学の教授をしているドンだ。彼はこの上なく無神論的で、左脳思考だ。彼は私のことを〝イェール大卒のヘンテコ霊能者友だち〟と紹介するのが好きで、まるで足が七本のトカゲとか、頭がふたつのチワワとか、あるいはゴールデン・ゲート・パークの片隅でたまたま見つけた珍獣みたいな扱いをする。

あるときふたりで《バークレー・カフェ》にいると、彼は、私の〝いわゆる神との接近遭遇〟について、最新のからかいネタを言った。

私は彼の手を握り、目を覗きこんだ。「本当よ、ドン。ほんとに真実なの。自分ははたして全体像をつかめているのだろうか、って考えてしまうような経験はない？　あなたの完璧で小さな理性的世界を、揺るがすようなことが起こったことはないの？」

すると彼は、大学でジョーイという友人と寮の部屋をシェアしている、と話しはじめた。ある吹雪の夜ジョーイは出かけ、ドンが寝るときになっても戻ってこなかった。別に珍しいことではない。

午前三時、ドンは激しい動悸を感じながらいきなり目を覚まし、ジョーイに名前を叫ばれるのをはっきり聞いた。大きな声で。二度。だが、部屋には自分以外に誰もいなかった。

彼は寝ぼけたまま服を着て、慌ててワーゲンに乗りこんだ。それから厚い雪の毛布をくぐり抜けるみたいにそろそろと運転するうちに、潜在意識が優位になっていった。磁石で引き寄せられるように十区画進んだとき、ジョーイの車が雪の吹きだまりに突っ込んでいるのを発見した。彼は凍え、酔っ払っていて、朦朧《もうろう》としていた。

いったい何が起こったのか、誰にも説明できなかった。

私はオートミールにはちみつを混ぜつつ話を聞きながら、呆気にとられていた。「ねえ、冗談でしょ。それであなたの人生はちっとも変わらなかったの？」

「まったく」ドンは強く首を横に振った。「このことは偶然と考えるしかなかった。でないと、すべてのことに疑問を持ちはじめてしまうからね。僕は大学院に合格し、すべてのルールに従い、成功していた。自分の世界を揺り動かす暇なんてなかった」

「ねえ」私は考えを巡らせた。「その話、偶然だったとは思えない。あなたは正真正銘、透聴とかテレパシーとかの領域にいたのよ。それは本物の才能だし、能力だわ。あなたのハイヤーセルフがコンタクトしようとしていたみたいに聞こえる」

「ほほう。でも立ち止まっておしゃべりする余裕はなかったね。そうしたところで、次は精神病院行きだ」彼は笑って、人差し指を頭に向けてくるくる回した。

「うーん、ていうか」私は言った。「正気な文化であれば、それは才能と見なされるわ。最初から、子どもたちは内側の導きに従うことを学んでいくの。何も怖がることはないし、メリットばかり」

「何だっていいさ」緑茶を口に含みながら、ドンは優しく微笑んだ。「もしかしたら、来世にな」

火山を追う男

動きなさい。ただし、恐怖に身をまかせて動いてはいけない。
——ルーミー

二十二歳でサンフランシスコに来たばかりの頃、スティーブンというライターと仲良くなった。私たちはよく、ほかの芸術家タイプの面々とボヘミア風のミッション地区に出かけ、人生で初めてわが家のくつろぎを感じていた。

数か月後、スティーブンがいきなりサンフランシスコを去ると表明した。本人の弁では、田舎に落ち着き、相手を見つけ、子どもを持つ準備すらできたということだった。なんとまあ、これがじつに怪しかった。たとえるなら、お気に入りのゲイのいとこが、モルモン教会やコロンブス騎士会か何かに入るために急に去っていく感じだった。

その後、彼はベイエリアは好きだけど地震が怖いと認めた。統計的に最も安全な移住場所を数か月かけて探し、ようやく田舎風のワシントン州に落ち着いたということだった。

「だけどここが、あなたの居場所よ」私は反対した。「どうして出ていけるの？　美味しいブリトーが見つからないだけでパニックになるくせに」

彼は、あちらに本当に惹かれているわけではないけれど、安全な家が欲しくてしかたがないと白状した。占星術で冥王星が自分の天底に、つまりチャートの底にもうじきやってくることを知り、大きな災難がすぐにでもやってきかねないと思ったのだ。

「だってさ」彼は悲しげに頭を振った。「僕はこれ以上サンアンドレアス断層の上では暮らせない。仕事から帰ったらアパートの建物がまだあるだろうか、なんて毎晩考えて暮らすのはもうごめんだ」

彼のワンルームアパート傍の十九番通りとゲレロ通りの交差点で、皆で彼に別れを言った日のことは今も覚えている。幸運を祈って（それに、このときは八〇年代だったので）、塗装のはげた彼の青いダッジの泥よけに、安いシャンパンを一本ぶつけて砕いた。

それから、彼は行ってしまった。

私たちの誰もスティーブンの姿を見ないまま九か月が過ぎた頃、ある日、本人がきまり悪そうに電話をかけてきて、こちらに戻ってくると言った。

「何があったの？」私は大喜びで訊いた。

「はぁ。五月にセントヘレンズ山が一八五七年以来初めて爆発したの、覚えてる？　それとほら、僕がずいぶん時間をかけて科学的に選んだ、あの安全な避難場所のこと。僕はクーガーという町に引っ越した。セントヘレンズから十一マイルのとこ」

「服も本もほとんどなくなって、十段変速機つきの自転車まで失った。隅々まで灰だらけだったよ。二か月経ってもまだ灰の匂いや味を感じる」そう言って、彼は鼻をクンクンさせた。

「ところでさ、チーズとグアカモーレとサルサが多めの豆腐ブリトーが食べたくて、今にも死にそうだよ。誓ってもいいけど、このいまいましい州にはまともなブリトーはどこにもない。あーあ、わが家に帰るのが待ち遠しくてたまらない」

　スティーブンは、夏が終わる前にミッション地区に戻ってきた。私たちは彼をバレンシア通りの《ラ・クンブレ》に連れていった。彼のお気に入りの食堂だ。

　今もなお、彼はあのすべてが起こってよかったと言う。

　恐怖心から何かを決断することは、もうけっしてなかった。

パンくずの小路

神は三つの答えをくれるだけだ。「はい」、「まだ」、「いいえ、あなたを愛するあまり」
――作者不詳

私が二十代の頃に最初についた先生のひとりは、バークレー・ヒルズに住むとてつもない直観力者で、マイケルという。内側と外側の次元でうまく進路をとっていくための実用的な方法を数多く教えてくれ、私を長年にわたる苦労から救ってくれた先生だ。

私がどう行動をとるべきかジレンマに陥って彼を訪ねると、いつもこう言われた。

「その質問をハートで受けとめるように。宇宙の導きに全幅の信頼をおいて、しっかり集中して質問をしなさい。それからそれを手放し、どんなパンくずがやってきて、辿るべき道を示すかを見る。答えが得られなかったら、しばらく問いかけつづけるように」

彼を見つける前の私は、何に関しても決めきれずに行き詰まってしまうことがよくあった。アセンダントが天秤座の私はいつも物事の両面を見て、恐怖心から決断をしていたものだった。でも、マイケルのシンプルなテクニックは、魔法のように効果的だということが、すぐにわかった。

変動要素はタイミングだ。もろもろの準備に数週間かけて現れるパンくずもある。いっぽう、瞬時に現れるパンくずもある。

先週、友人を乗せて車を運転していると、彼女は猫についてのジレンマを語った。迷い猫の収容所から引き取ったばかりの仔猫を昼間に独りきりにするのはいやだったが、二匹飼うと手間が倍になるのではと考えていた。十マイル進むあいだ、彼女の思考はハムスターの回し車みたいに堂々巡りし、仔猫一匹と二匹のメリットを延々と比べつづけていた。

とうとう私はうんざりして言った。「ねえ。どうすべきか示してくれるよう、お願いしてみたらどう？　今ここで一緒に神の秩序を呼び入れて、様子を見てみましょうよ」

「ふーん、なんだっていいけど」彼女はまるで、私が北極点のサンタクロースにメールしようと提案したとでも言わんばかりに、怪訝な顔をした。

次の信号で、女の人が横断歩道を横切った。「うわあ、見てよ！」友人は大声をあげて、前を指差した。角の動物病院に向かうその人の腕のなかで、二匹の小さな三毛猫がお互いに寄りかかって居心地よさそうにしていた。

「すごい、速攻だった」私は笑った。「これからは、宇宙を見くびって答えを無視しないようにね」

名声が適度（以上）なとき

人々が作家としての私をちやほやするのは、さっぱり理解できない。私は単に、水を流して撒く庭のホースに過ぎないのに。

――ジョイス・キャロル・オーツ

行為者の主体性について、そしていったい誰が〝その行為をして〟いるのかということについて、私はしばしば考えている。自分がすべてを生じさせていると考えるのではなく、起こりたい何かを通す導管だと知っていると、人生は劇的に変わる。

そのとき、人は自分の内に向かってこう言うことができる。

「私を使ってください。何であれ私が与えなくてはならないものを、至高善のために使ってください。役に立てるよう、すべてを捧げさせてください」

ごく簡単な祈りだが、これが人々にまったく新しい使命や運命を運んでくるのを、私は長年にわたって見てきた。焦点が〝得ること、及びすること〟から、一本の導管であるということに移ると、すべてが変わる。

あるとき、フランスの霊的指導者についての話を耳にした。彼女はカリスマ的な講演者で、人をみずからの心の真実につながらせる神秘的能力を持っていた。最初は、人助けができることに深く感謝していた。

彼女は世界中で講演をし、月日が経つにつれ称賛と名声を浴びるようになった。敬意をもってうやうやしく扱われ、自分がいかに才能にあふれているかをいつも耳にした。

そんなある日、彼女はオーストラリアの大きな会議で講演をすることになっていた。会場は満員で、聴衆は興奮でざわめきたっていた。

彼女はマイクに向かっていき、口をひらいた。

しかし、何も出てこなかった。

声がなくなってしまったのだ。

それからの三か月、彼女は実質的に口がきけないまま過ごした。よくある喉頭炎の症状ではなく、どんな医者が診ても、どんな検査をしても、原因を突き止めることはできなかった。

講演のツアーは中止された。

とうとう正気どころか生計まで失いつつあるように感じた彼女は、死にもの狂いになって理解したいと祈った。

その夜、鮮明な夢がやってきた。

「さて、言ってごらんなさい」と、聞こえた。「そもそも、あなたの声は誰のものだったのですか？　最初、あなたはそれをわかっていました。ですがその後、忘れてしまいました。真実を覚えているように。そうすれば、声は戻ってくるでしょう」

最後には彼女は床にひれ伏し、声を、自分の教える内容を、持っているすべてを、つねにじっと黙ってそれらすべてを所有していた万物の本源に捧げた。

数週間後、声は本当に戻ってきた。

Chapter Five

GIVING IT ALL UP

第5章

すべて明け渡す

死という助言者

自分自身をゼロにすれば、あなたのパワーは無敵になる。
——マハトマ・ガンジー

死を助言者とせよ。
——カルロス・カスタネダ

以前、友人の姉妹についてこんな話を聞いた。

彼女はパウラといい、年齢は四十くらいで、ボルチモアに住み、法律事務員として人間関係や仕事、家庭など、よくある分野の処理で多忙な生活を送っていた。霊性への関心は、これっぽっちもなかった。

するとあるとき、ショックな出来事が勃発した。せいぜい風邪くらいしかかかったことのなかったパウラが、進行の速い珍しい型のリンパ腫といきなり診断され、余命三か月の宣告を受けたのだ。

彼女の世界は崩壊した。もともと現実的な彼女は、すぐに身の周りの整理に精を出しはじめた。これまで、やることリストをつくって物事を効率的に処理することに生涯をかけてきたが、今またそれをひとつこなすかのように、差し迫った旅立ちに対処した。彼女自身も驚いたことに、恐怖はなかった。

パウラは借金を返済し、不要なものを残らず手放し、死ぬ準備をした。この世はかすんだ夢になった。彼女は無駄な会話をするのをやめ、皆に本当のことを言うようになった。やりたくないことをするのも一切やめ、徹底して自分の体内時計に従った。この世界は自分がいなくても結構うまくいくということに気づいたので、彼女は温かい湯船につかるように、平和な断絶状態に包まれていた。

その後、新たな展開があった。

三か月目に、癌がひとりでに消えたのだ。すべての症状が発症したときと同じくらい素早く消え、医者も困惑しきりだった。しかし、パウラの穏やかな平静さは残ったままだった。

さらに驚いたことに、彼女は何でも現実化したり癒したりする力を得ていた。ある金額を思うと、それがすんなりやってきた。りんごを思い浮かべると、見知らぬ人が鞄からりんごを取り出して彼女に与えた。病気の人々が、助けを求めて彼女に電話をしてくるようになった。

必要なものも欲しいものもなく、この世に別れを告げていた彼女にとって、この才能はあっちから勝手にやってきたものだった。貪欲なエゴがないので、彼女の思考はたいてい瞬時に物質化した。かつて彼女が押しやっていた神の力が、今は彼女の生命を通してよどみなく流れていた。

パウラは言った。「もしかしたら、何も必要じゃなくなったとき、すべてを得られるのかもしれない。そして、物事を起こそうとがんばるのをやめたとき、どんなことも起こりうるのかも」

「わかるのはただ、以前いた〝私〟はもういなくなったってこと。私は脇にのいたの」

（その）欲望を燃やし尽くす聖なる大かがり火

あなたが宇宙と同調したときに宇宙が現実化することは、あなたが現実化しようとすることよりずっとおもしろい。
――アジャシャンティ

あなたは恋人として神のもとに行くことができる……あるいは、娼婦としても。
――デイヴィッド・ウィルコック

地元の瞑想グループのメンバーであるキャロルが、占ってほしいと電話をかけてきた。彼女は毎日、夜明けに瞑想し、経を唱え、ハタ・ヨガをし、それから仕事に出かける。車のダッシュボードには師事する霊的指導者の写真を飾り、信号が赤になると愛をこめて見つめる。彼女は、ほかの何をおいても神を知りたいと言った。

けれども電話をかけてきたのは、〝そのほかの大きな願望の数々〟が、いつようやく卵からかえるのかも知りたかったからだった。彼女は自分にふさわしい夫を見つけ出すべく、隣接四州を物色している最中だった。経済的成功を求めて燃えていた。マイホームと子どもを何人か切望していた。あぁ、それとあの大物司会者、オプラ・ウィンフリーの番組に出たいとも言った。

つまり彼女は、望むのは悟りのみで、自分自身の心の究極の知識を得られれば充分だと言いながら、数々の満たされない願望が入った大窯のなかで沸き立っていたのだ。そして理想をイメージし、夢を繰り返しリストに書き、〝現実化〟ボードをつくって願望の切り抜き写真をあれこれ貼っていたのだった。

私は一時間かけてキャロルのトランジットを読んで星の影響を伝え、それからギアを入れ替えて、「その山積みのリストとボードを浜辺に持っていって、全部燃やしたらどう？」と警報を鳴らした。そして、インドだとヤグナと呼ばれる聖なる炎の儀式をし、取り散らかった執着を、丸ごと、徹底的に、自分の心の主《しゅ》に捧げてしまうよう告げた。

そして、手放すのだ。

彼女は結局のところ、何よりも神を望んでいると言った。

リストをつくって昼夜しつこく神にせがむより、最高の計画を受けとれるよう祈ったらどうか？「完璧な道筋はすでに選ばれていて、私は導かれています」と言って、何でも神の秩序に捧げていいのだ。神の意志のみを求めて祈れば、従うべき進路の目印は正しいタイミングで示される。私はそれを幾度となく見てきた。

数年前に引き寄せの法則に関する本が大流行したとき、キャロルみたいな話をよく聞くようになった。たしかに、思考はすこぶる強力だ。私たちは、物事を現実化させる莫大な力を持っている。思いや期待から現実を引き寄せることは実際よくある。しかし貪欲さや執着から引き寄せると、昼の後にかならず夜がくるように、必然的に苦しみが後からやってくる。

友人は冗談で、ある本のことを『(さらなるカルマへの)秘訣《ザ・シークレット》』と呼んでいる。

けれど、あらゆることに神の秩序を招き入れれば、
より高い、より崇高な計画に、人生を捧げることができる。
それは、エゴがしかける打ち上げ花火よりもっと高い。
あなたに必要なものは何であれ、
何かしらの方法で
いつも
かならず
やってくる。

あなたはそれを知っていて
最愛の神とダンスしながら世を渡る。

いつもトップのところに行く

いつまでそうやって、あいた扉をドンドンと叩き、答えてくれと誰かに乞うつもりですか？
——ラービア

あるとき友人のシンシアに、「権限のない人から助けてもらおうとして、時間を無駄にしてはだめ。問題があったら、かならずトップのところに行くのよ」と、言われた。彼女は企業という階層社会のジャングルでずっと働いていたので、私はそれを聞き入れた。

そのことの前に、私はある輸入商社の件で悪夢を経験していた。彼らは注文と違う肘かけ椅子を六週間で三回送ってきて、おまけに二重に請求をしてきた。やがて私は、頼んだ商品を手に入れることがもうどうでもよくなり、この話をおしまいにしたくなった。でも電話をかけるたびにカフカの世界のような不条理な旅が始まり、ひとつの部署から別の部署へとまわされ、詫びの一言もない人たちから、力がないから助けられないと言われた。

そのとき、シンシアがアドバイスをくれたのだ。「最高経営責任者に、まるで友だちになったつもりで文書を送りなさいよ。彼がトップだから」

失うものは何もなかった。私は神の秩序を呼び入れ、メールに書く正しい文言を求めた。心のなかで、正しい解決策はすでに選ばれている、と言い切った。それから気さくな感じで、でもこと細かに、このゴタゴタの一部始終を書いた。このイカレた道の歪みをすべて伝え、助けてくれるよう求めたのだ。

一週間もしないうちに、ユーモアを交えた真摯な文面の謝罪と、私の口座への全額返金を知らせる短信が届いた。おまけに、面倒をかけたお詫びに商品をプレゼントする、とまで書かれていた。メールを書いたことへの礼もあった。

なんという天啓。

以来、私は考えていた。シンシアのアドバイスを企業という集団のトップだけでなく、霊の集団のトップに当てはめたらどうだろうかと。一軒一軒まわって扉を叩く代わりに、事のすべてを管轄する天の仲裁者のもとに、宇宙倉庫の門番のもとに直行したら、どうなるだろうか？

あなたが正気で、あのことを覚えているとして、自分自身と一体である万物の本源のもとに直行したら、どうなるだろうか？

神の秩序や源とともに働くということを、私はそんなふうにとらえている。宇宙を自分の必要を満たす無限で豊かな供給源ととらえ、どんなときでも最高の解決策を受けとれる状態に波長を合わせておく。人にひれ伏したり懇願したりするのをやめる。こんなふうに答えが現れるのがいい、というこだわりを捨て、野性的に、徹底的に、神に対して全開になる。そして助けを招き入れ、示される道を進むのだ。

どんな問題に対しても正しい解決方法がすでに選ばれていると言い切れば、あなたは導かれるだろう。もし必要ならたくさんの、それも骨の折れる行動をとることに対しても、間口をひらいているように。ただし、辿るべき正しい道が示され、もし助けが必要ならやってくると知っていること。

でも、まずはご存じのとおり、あれを呼び入れなくてはならない。

徹底的に手放す

私の霊を御手にゆだねます。
――イエスの最期の言葉

これほど美しくうっとりくる言葉は、史上そうそうないと思う。とはいえ、私はキリスト教徒ではない（さほど教えを実践しているユダヤ教徒でもないが、親族に六人、数えてみると六人のラビがいる）。長い時間をかけて、私の霊性はどこの組織的宗教にも依存しない、内と外の神との野生的なまでに熱烈な、現在進行中の愛情関係となった。この引用文は、そのことを見事に言い表している。

毎年春分の日に、太陽が魚座――黄道十二宮の最後――の二十九度というデリケートなポイントを通過する。星の世界では、一年のグランド・フィナーレに到達する。春分がくると太陽は牡羊座の零度に移り、生命の輪はまた新たな回転を始める。

この日は私たちを新しい世界の縁へと導く、徹底的な解放の日だ。物質を超えたことの研究者たちはこれを〝礫の角度〟と呼び、このタイミングで行動を起こさないよう警告する。けれど私は、行動が完全に神に捧げられているのなら、タイミングはいつでもいいと思う。星を見る占星術師がこんなことを言うのも変かもしれないが、正直言って、本当のことだ。

偉大なヨギであるパラマハンサ・ヨガナンダについて、こんな逸話がある。彼は占星術師たちに依頼して、世界旅行を開始するのに最も幸先の悪い日を特定してもらった。それから、神と動くなら前向きな結果が生じうると証明するために、あえてその日時きっかりに出発した。

サンスクリット語のアパリグラハという言葉は、〝不貪《ふとん》〟［訳註：貪欲と秘蔵を慎むこと。非所有］という意味だ。自分の大切な人生のために願望を追い求め、つかみ、所有権を主張する西洋流のやり方に比べ、アパリグラハは何も持たずに、心をひらいて世の中を渡るということを意味する。私はこの言葉が大好きなので、左足首にタトゥーを入れた。歓びの青い鳥の横に。

さて、まさに今のための祈りはこれだ。

「来たいものを来させてください。去りたいものは去らせてください」

「もしそれが私のものなら、ここに留まります。そうでないなら、何であれもっと良いものが代わりにやってきます」

あなたに向けられた最高の神意を余すところなく呼び出せば、星の動きはもうけっして怖くなくなる。

なんとホッとすることか。

Chapter Six

BE WHAT YOU SEEK

第6章
欲しいものがあるなら、すでに持っているつもりになろう

言葉は発した本人にとって絶対である

思考はブーメランみたいに正確に元の場所に戻ってくる。何を投げるか、賢く選択しなさい。
——作者不詳

繁栄の条件は、けっして銀行口座の状態ではなく、精神状態である——そんないっぷう変わった形而上の真理がある。マトリカ・シャクティとは、サンスクリット語で自分自身の言葉に潜む究極的パワーを意味する。何を言うかで細かく自分の世界をつくりあげる、ということだ。

それに関して正反対の女性ふたりが電話をかけてきた。ひとりはマリーといい、インターネット会社をITブームの初期に売却した敏腕起業家だ。彼女は一夜にして大富豪となり、世界中に複数の家を所有するようになった。

それなのに、こんなことを言った。「年間二百万ドルで生活するのが、どれだけ大変かわかる？　ありとあらゆる費用がかかるんだから。冗談抜きで、二百万ドルなんてたいした額じゃない！　会社をもっと高く売らなかったことに、毎夜煮えくりかえってるわ。おかげでまともに眠られやしない」

私はびっくりしすぎて電話にお茶を吹き出してしまい、しかたなく急いでタオルをとりにいった。「そうなの？」受話器を拭きながら、笑って応じた。「だったら、家を二軒ほど売ったらどう？　あなたの幸せは、五軒でないと本当に成り立たないの？」

「あら、売るなんて絶対にムリ」彼女は反論した。「生まれてこのかたずっと待ち望んでいた家だもの。だけど、私がときどき金欠だってことを誰も信じようとしない」

彼女はその後もよく電話をかけてきて、財産についての不満を言いつづけた。

ある日、私はついに強く出た。「マリー、あなたのことは大好きよ。だけど聞いて。私は家を持ったことは一度もないけど、あなたと話していると自分がイギリス女王みたいな気がしてくる。ねえ、どうして私が満足していて、あなたはしていないの？　さあ、お金についての話し方を変える気になった？」

それからずっと、彼女は連絡してこなかった。しかしあるときいきなり電話をかけてきて、破産を宣告したと言った。妙な大変動が続き、ほぼすべてを失ったということだった。

貧しさについての言葉は、彼女にとって絶対になってしまった。

話は変わって、もうひとりのクライアントのローリーは、暮らしぶりは質素だったが、真に恩寵を受けながら生きていた。彼女の感謝と寛容は、必要なものを何であれたいてい引き寄せた。駐車スペースの混みあう近所では空きスペースが手招きしてくれ、余分な出費のあるときは追加の仕事がきて、誠実な友は天から降ってきた。

以前からこうだったわけではない。昔の彼女は嫉妬深い牡牛座で、人の幸運が本気で不愉快だった。しかし、新しい生き方を自分なりに学んだのだ。彼女は言う。「何がどうしてかは見当もつかないけれど、奇跡がひっきりなしにやってくる。必要がいつも満たされているわ」

彼女は最近アジアを旅行したいという衝動に駆られたが、そんな蓄えはなかった。しかしくじけることなく神の秩序を呼び入れ、ただ待った。彼女はこう言った。「もし私が行くことになっているのなら、完璧な条件がやってくるようにしてください。そうでなければ、今いる場所で満足させてください」

どっちにしろ、いい感じだ。

〜〜〜

切符の購入期限の前日、映画制作をする隣人から電話がかかってきた。彼は撮影用に彼女の家を貸してもらえないかと言い、旅行代金ぴったりの額を提示した。

ほかには、猛吹雪のマンハッタンでの出来事だ。彼女はショールを忘れたことを後悔しながら、バスを待っていた。すると一メートルほど向こうの雪に覆われた歩道に、ウールのスカーフが落ちているのが目に留まった。歩み寄ってそれをはおってみて、彼女はおかしくなって笑った。着ていたコートと同じ、明るい紫色だったのだ。

完璧なスタイリストとしてのシャクティ。

私はおどけて、とても寛大で信じる心が強い彼女を天使たちが競って助けようとしている、と言ったことがある。彼女が必要とするものは、いつもかならず意外な形で次から次へとやってくるし、ときには最後の一時間で現れることもある。

それが、裕福ということだ。

素直に、はいと言う

そう、別世界は存在する。ここがそれだ。　――スティーブン・ダン

「人生は本当に予測がつかない」
「そうね、もちろんそう願っているわ！」
――ベッキー・シャープ、『虚栄の市』より

問題が長く存在していると、それが永久に続くように感じられることがある。批判的で、決めつけたがりの思考回路だと、一見こりかたまった状態を何かが解消してくれるとは、なかなか想像できない。

けれど全開な人には、いつでもにわかに変化が起こりうる。

友人のトリアナが、ある霊能者のところに行った。すると彼女のことを霊視中に、どうしたことか私の話が出た。私がもうすぐ物書きにいそしむようになり、そのことにとても大き

な幸せを見出すということだった。

そのとき、私はそれを滑稽に思った。頭にはまず、「書くって何を？　食料品の買い物リスト？　オンデマンド放送《ネットフリックス》の観たい映画リスト？」と浮かんだ。言ってみれば、フィジーの新大使になると言われたのも同然だった。

皮肉なことに、私は大学の頃から数十年、ものが書けなくなるスランプに陥っていた。雑多なテーマでとりとめもない所感を書くことはたまにあったが、何もまとまったものにはならなかった。机を覆ったその注意欠陥障がい的なメモ書きの紙吹雪を、漠としてはかない将来のために封筒に放りこんだものだった。そしてまたひとつ、なかば判読もできない混沌として漫然とした日々の記録を、廊下の押入れをあけて猫用のけばだった毛布の横に突っ込んでいた。

旅に出るとかならず、ごく親しい仲間に長くて具体的なメールを書いていた。彼らはいつもこう言ったものだ。「ブログを始めるか、何か記事にしたら？　または本を書くとか？これをすべて人に伝えたらどう？」

でも、私はしなかった。そういうことにすっかり気後れしたのだ。旅の書簡を寄せ集めて公開可能な記事にすることとすら、獲物を求めてさまようヘビの群れを率いることのように感じられた。

そんなわけで、トリアナが霊能者の予言を携えてやってきたとき、私は肩をすくめて笑い飛ばすしかなかった。

「それはどうかしら。奇跡でも起きなきゃ無理ね」

奇跡。

そこでふいに気づいたのだが、私はこの件について、一度も神の助けを求めたことがなかった！　そうする分別はたしかに持っていたのに、無意識のうちにまた自分自身の限られた強さに頼っていたのだ。状況を停滞させること請け合いの方法だ。

そこで私は、神の秩序が執筆活動にも入ってくるよう祈った。

「もし私が役に立てるのなら、そしてもしこれが神のご意志なら、いまいましい執筆スランプを決定的に打ち砕く完璧な機会がやってくるようにしてください。完璧な道はすでに選ばれています」

奇跡を受けとる準備はできた。そして私は、驚きを受け入れようという意欲にあふれた。

三か月後、examiner.com という情報サイトで以前連載されていた占星術の記事を探していた。するとライター募集中というお知らせが目に入り、何気なく応募した。

まもなく思いがけないほどに、私は猛烈なボブスレー並みに筆を走らせるようになった。今のところまだ、氷のカーブや坂に激しく飛び出している。

たとえ何をわかっているつもりでも、人には明らかなのに自分ではちっとも見えていないことがあるものだ。

いいえ、と言うことの至福

「いいえ」は、本当にそれだけで完結した文章だということを忘れないように。

——ディタ・マネッリ

友人のディタが、その日は仕事に行かないでずっと家にいたと言った。私は気になって、「どうして？　体の具合が悪いの？」と訊いた。

「ううん」彼女は肩をすくめた。「そんな気分だっただけ」

その超射手座的で無造作な言い草に、私は畏敬の念に打たれた。私なら、「だってここのところ昼も夜も働き詰めだったから」とか、「ちょっと休まないと風邪を引いてダウンしそうだと思ったから」とかつけ加えるところだ。

それなのに、格調高くもぶっきらぼうに、「そんな気分だっただけ」と？

すごい。

勤勉な山羊座である私にとって、爽快かつ未知の領域だ。

かつて私がどれほど極端な責任感を持っていたかお教えしよう。あなたは慈善団体から、あの変な宛名ラベルの束を送ってこられたことがあるだろうか。旗とかテディベアとかさえずる鳥のマークがついているあれだ。あのクズをわざわざ使って自分の郵便物の見た目を損なうようなことはせずに、さっさと切り刻んでしまってもいいと気づくのに、私は何年もかかった。

それと同じ頃、私の〝ファミリー〟だという大型事務用品店、《オフィス・マックス》のインターネット調査に応じて、最近の買い物内容を教える必要はないと知った。

稲妻のように一条の閃光が射し、とある気味の悪い親戚が同性愛を嫌悪する過激な発言を始めたら、さっさと立ち去っていいと気づいたのもこの頃だった。

当時、私は四十歳だったと思う。

そして日々、楽になっていっている。

しかるべきときにはいいえと言うことで、もっと余裕ができて、はいと言うことの至高の喜びを得られることがある。

あるとき、ブリンという有名な小説家を占った。彼女の告白によれば、オークランドの自宅アパートは未返信のファンレターの山でぎっしりで、人が動くこともままならない状態だった。あふれかえる紙袋の数々、八年か九年前の手紙、それらは彼女を嘲り、また拷問のように苦しめた。律儀な乙女座である彼女は、人々はわざわざ書いてくれたのだから返事をもらって当然だと考えた。だが手書きで一通、二通としたため丸一日それと格闘するうちに、もう仕事をするのがいやになってしまった。

手紙が家を障害物コースに変えてしまっているというのが、とても象徴的だと私は思った。そこで、手紙に感謝して燃やすよう提案したところ、彼女は嬉しくて涙をこぼしかけた。ずっとそうしたかったのだ。

その後ブリンは、手紙を手放したら人生すべてがひまわりのように花ひらいた、と知らせてきた。作品が彼女からの贈りものだったのだ。

それで、充分だった。

必要なものがあるなら、すでに持っているつもりになろう

「私は～である」という意識は全宇宙に響き渡ります。私たちは、自分と同じものを引き寄せます。
――テレサ・マン

私は十三歳になるかならないうちから、「良縁はいつやってきますか？」とか、「いつお金がもっと入ってきますか？」とか、「幸福とは何か、いつ知ることができるでしょうか？」とか訊かれてきた。たしかに、ちゃんとした占い師ならチャートやカードを見て、比較的楽な、あるいは大変な時期を予言することはできる。

でも焦点がそこだけだと、じつは要点をつかみ損なう。星の配置は移ろうものだ。たしかに何かの理解に役立つことはあるが、最終的に重要なのは、まっとうな精神状態だ。

外に広がり内で満たされる感覚がないなら、この上ない天体配置すらも意味をなさない。というのも、豊かさとは在りようであり、追い求めたり、待ち望んだりするものではないか

らだ。

寛大さと流れを体現すれば、神の源につながって動けば、星々や狂った経済状況に関係なく必要なものはつねにやってくる。私はそれをとても頻繁に見てきたので、もはや一縷《いちる》の疑いも持っていない。たとえ喪失や災難が起こっても、たいてい反転するものなのだ。

ときどき、「金庫が一杯になったら裕福にふるまいます。見ていてください。充分に手に入れたら、もちろん分けてあげます」と約束する人がいる。でも、ここに落とし穴がある。状況を変えるには、今その寛大さを人生で実践しなくてはいけないのだ。

什一献金《じゅういち》という聖書にちなむ慣習にパワーがあるのは、未来を待たないからだ。「この瞬間、私は充分もっています。分け与えられるほど豊かです」と言い切ることで、流れのある状態を現在に引き寄せる。一ドルすらも、適切な捧げものであるなら充分だ。


〜〜〜

ある友人が、インド人占星術師の月次メール配信サービスに登録していた。彼女は目下の恐ろしい天体配置に苛まれ、ヴェーダ信仰司祭による守護祈願祭へのゴリ押し勧誘に悩まされていた。

いくつか転送してくれたメールを読んで、私はお腹が痛くなった。恐怖を強く誘発する内容だったのだ。ロマンチックでいい感じの金星の運行さえも、敬遠すべき何かのように書かれていた。

しばらく経ったある日、友人はその〝惑星の恐怖観測〟を購読するのをやめた。もはや星を怖がることはないと、ようやく気づいたのだ。外側の安全は、神に波長を合わせることと受容的で豊かな精神状態からもたらされると、彼女はようやくわかったのだった。

外側の変動に関係なく、彼女は日々こう感じた。

「私は豊かです。私は愛です。必要なものはすべてかならずやってきます。神が私の源です」

彼女はそれそのものだった。その波動を持っていて、そして自由だった。

さあ、分け与えなさい。
友人に食事をごちそうしなさい。
何であれ裕福だと感じることをしなさい。

今の状態が一見どうでも、関係ありません。

そして絶対に、自分のことを金欠だと言わないように。

恐れや疑い、そして収縮の波動のなかに居ついてしまったら、確実にそれを引き寄せることになります。

充分持っていないと主張したら、世間は本気でそれに同意するでしょう。

けれど、何かが必要だと思うなら、
すでに持っているつもりでいなさい。

そうすれば何かしらの方法で、
それはやってきます。

Chapter Seven
THE HOLIDAY EMERGENCY SURVIVAL KIT

第7章
休暇中の
緊急サバイバルキット

内側の引き

人々はもっと動物のようであるべきだ……もっと直観的になり、何かをしているときにあまりそのことを意識するべきではない。
――アルバート・アインシュタイン

人生における次の〝正しい〟行動は、大概どんな状況でも、わかりやすい引きとして内側で感じられる。明日の正しい道はわからないかもしれないが、今この瞬間、耳を澄ませば、進むべき道は一歩一歩示される。

休暇シーズン中に旅行に出かける多くの人々にとって、この内側の引きを尊重する方法を知っておくことは、ことのほか価値があるかもしれない。

クリスマス週間中、私は飛行機でフェニックスからオークランドに行こうとしていた。予約していた日曜夜の便に乗るために搭乗ゲートに行くと、航空会社がオーバーブッキングをしていたとアナウンスした。彼らは無料航空券と交換に、どうにか誰かに座席を譲ってもらおうとしていた。

しかし誰も歩み出なかったので、条件にどんどん旨味が足されていった。やがて、アメリカ国内で自由に使える無料往復航空券を二枚と、さらにその夜の食事代と宿泊代を支払うという条件が出された。

必要なのはひとり、たったひとりだったが、やはり誰も手をあげなかった。クリスマスのために、誰もが急いで家に帰りたかったのだ。私のなかでは、立ち上がって手をあげようと推してくる力があまりに激しく、踏みとどまるために、ショールで体を椅子に縛りつけておかなくてはならないくらいだった。けれどわかっていたのは、その夜をフェニックスで過ごすわけにはいかないということだけだった。

頭で考えても、この強い衝動を理解することはできなかった。月曜日には受け持ちのクラスがあって休むわけにはいかなかったし、それに、ずっと待っていた医者の予約もあった。どれだけ条件が魅力的でも、帰宅を遅らせるのは無理だった。

それなのに、まるで空の天使たちが私を立ち上がらせようとして、ぐいぐい引っ張っているかのように、私は猛烈な引きを感じつづけた。もしかしたら、天使たちは引っ張っていたのかもしれない。ついに私は、勘を信じてゆだねてみようと決意した。ところが立ち上がろうとしたとたん、ひとりの男性が前に躍り出た。盛大な拍手を浴びて、彼はその夜のヒーローになった。

二十分後、空港の《ホリデイ・イン》でひとり夕食をとる彼を残し、私たちは搭乗した。私は最後尾に座り、となりは空席で、私たちは最後の乗客が来るのを待った。ところが驚いたことに、通路を勢いよく歩いてきたのは、ほかでもない席を譲ったあの男性で、彼は『ロッキー』のロッキー・バルボアよろしく拳を振りかざしていた。皆笑って、再び彼に拍手を送っていた。

彼は私の横に座った。

「あの、私の知らないあいだに何かあったんですか?」私は訊いた。「いったい何があったんです?」

「最高ですよ、信じられないくらいラッキーだ」彼は笑った。「土壇場になって、ここに座るはずだった女性に、飼い猫が逃げたっていう電話がかかってきたんです。彼女は猫を探しにいくために、席をあきらめました。いっぽう航空会社は、申し出たことへの謝礼をすると決めました。僕は無料航空券を二枚もらって、予定どおり、今夜家に帰れるんです」

私は心から彼と一緒に喜んだ。

でも宇宙が彼を私の横に置いたとき、あらゆるもっともな理由にもかかわらず体が引っ張りあげられていた理由を、ようやく理解した。

私がちゃんと聞いていないだけだった。

潮流のしるし

彼らは王の言ったことを聞いて出かけた。すると、見よ、東方で見た星が彼らを先導し、ついに幼子のおられるところまで進んで行き、その上にとどまった。

――マタイの福音書　二章九節（『聖書　新改訳』日本聖書刊行会）

しるしや前触れに従うことがいかに私の人生の中心となっているか、最近考えている。宇宙は生き、息づき、意識を持っている。私たちは皆、そんな宇宙の一部なのだから、どうして宇宙が話しかけてきて方向を指し示してくれないことがあろうか。

もし私たちが道をひらくなら、宇宙はメッセージや答えを送ってきてくれるに決まっている。

だから私にとって、しるしの助けなしに行動することは、暗い部屋で照明をつけるのを拒むようなものだ。宇宙が電球を持っているのに、なぜ家具につまずいてよろめく必要があるだろうか。それなのに人々は、過熱気味の理屈に忙しく従うあまり、しるしを求めるだけでいいということに気がつかない。

占星術は〝悪魔の仕業〟だとする根本主義者の意見はあるものの、三名の賢者がクリスマス中に、よりによってひとつの星によって導かれたのだ。歴史家のなかには、その旅人たちは紛れもなく占星術師だったと主張する人もいる。とはいえ、聖書には矛盾点が多くある。

そして多くの在来文化で、適切なしるしもないのに前に踏み出すのは無謀であり、自然への敬意を欠いたこととさえ考えられている。

そこで、私が決断するときに幾度となく使った祈りを紹介しよう。問題をハートで受けとめ、自分の内に向かって言うのだ。

「この件について、ご神意をお示しください。そして妥当な方向を示すしるしを送ってください。もし何かの理由で私が間違った方向に向かおうとしたら、どうか引きとめてください」

この前の秋のこと、メキシコに行って聖母グアダルーペの十二月十二日の誕生日を祝いたい、という思いが強くこみあげてきた。彼女は私が同時進行恋愛的に、かつ献身的に熱をあげている輝かしい神のひとりだ。でも理屈のレベルでは、その旅行はあまり納得のいくものではなかった。時はすでに感謝祭で、お得な旅を計画するには遅すぎたのだ。

そこで、私はしるしを求めた。「もし私が行くことをお望みなら、そのようにお示しください。どうかしるしと奇跡を運んできてください」

二日後、サンフランシスコの街を歩いていると、グアダルーペの特大Tシャツを着た若いメキシコ人男性を見かけた。よくある形のTシャツではなく、カラフルなナイトガウンみたいで、丈は膝まで届く長さだった。

「わあ！」私は声をあげた。「それ、どこで手に入れたんですか？」

「ああ」彼は顔を下に向け、笑った。「彼女のことが大好きなんです。去年は、彼女の誕生日を祝うために里帰りもしました。あのとき僕はこっちで失業中だったから、あの、『あるのはこのお粗末なTシャツだけ』というジョークを地で行ってましたよ」

その日の午後に航空券を予約すると、すべてが夢のようにすんなり運んだ。頻繁利用顧客のための直前格安切符が一枚現れた。電話をかければ、空港シャトルバスから《サン・ミゲル》ホテルまで、どこでも最後の空席あるいは空室を提供してくれた。

マサチューセッツに住むクライアントのギリにも、以前そういうことが起こった。彼女は、ジョージア州のサバナの美術学校を見学するために、一度も訪れたことのないその街に行くべきかどうか考えていた。そこで、神の秩序を呼びこみ、しるしを求めた。

その週の後のほうになって、彼女が外で夕食をとっていると、横のテーブルの夫婦が「サバナ」と言うのが何度も聞こえた。ほどなくして、その夫婦は一年の半分を彼女の住むケープ・コッド村で過ごし、残りの半分をあちらで過ごしているということがわかった。夫婦は彼女を招待してくれた。

「宇宙がわざわざあのふたりを連れてきてくれたのに」そう言いながら、ギリはクスッと笑った。「行かないなんて、ありえませんよね？　だってこれって、すごい確率でしょう？」

おーい、サイキック・バンパイヤよ

第一印象に耳を傾けるように。そうすれば、間違った方向に行くことはほとんどない。
——作者不詳

物質を超えた世界についての私の最初の先生は、いつも同じアドバイスをしていたものだ。「誰かの傍にいるときは、自分がどう感じるかを意識するように。そして、その人と別れたときにどう感じるかも意識するように。いいですね。**自分の反応を疑わないように。**気分が悪いと感じたら、ただ立ち去りなさい」

友人のジェーンが最近こんな話をしてきた。「感謝祭の食事に招待されたんだけど、その女主人が話し好きで、にぎやかな性格だったの。ある種のカリスマ性はあったけど、とっさの勘で、私は逃げ出したくなった。本当に。あの設備の整ったきれいな家に足を踏み入れたら、どういうわけか急にそわそわしてきて、家に帰りたくなったの。でも、『ばかげてる。

彼女は素敵だし、愛嬌もある。私がバカなのね。こんなふうに感じるなんて、私ったらどうかしたのかしら』と考えて、その感覚を無視した」

しかし案の定、女主人は夜が進むにつれどんどん酔っぱらい、饒舌《じょうぜつ》になっていった。やがて、私の友人のすぐ横に移動してきた。そしてまもなく、宿主にくっついた寄生虫のように張りついて、いやなコメントを連発しだした。しまいには、交際関係から仕事まで、ジェーンの人生のあらゆる側面に否定と疑いをぶつけた。ジェーンはどんどん消耗し、疲れ果てていった。夜遅くになってなんとか腰をあげ、ふらつきながらドアを出るのがやっとだった。

ジェーンは言った。「彼女から触角を刺されたとたん、文字どおり動けなくなった。すくんでしまったの。本当に異常だった。『ナショナル・ジオグラフィック』の番組で、昆虫が獲物を麻痺させるのを見たことある？　まさにあんな感じよ。彼女は私の奥深くに恐怖を生みだす方法を、こと細かに、霊感で心得ているように見えた」

彼女は苦々しい顔をした。「エプソム塩を入れた湯船につかって彼女の毒気を洗い落として、あの声が自分のなかから聞こえてこなくなるまで、丸一日かかったわ」

私はジェーンに、霊的な吸血鬼《サイキック・バンパイヤ》にやられたのだと言った。

それも、一流の。

表面的には、彼らはとても魅力的な人に見えることがある。

おもしろいのは、彼女は家に足を踏み入れた瞬間に、勘でわかったということだ。
でも、それを脇に押しやったのだった。

楽な流れ

ただそこに座ってください。何もしないで。ただ休んでください。というのも、神からの、愛からのこの分離は、この世で最もきつい仕事だからです。
――ハーフィズ

ノースカロライナに住む友人のカレンが、「この休暇シーズン中になんだか変化が起きました。物事は起こりたいように起こると今は受け入れ、私は楽に無理せず行動しています」と、メールで伝えてきた。

人々が最も戦々恐々としがちなこの時期に、なんと素晴らしい考えだろう。私はそれをすぐに書き留めた。頭の批判的な部分が異を唱えたとしても、直観の働く受容的な部分はこの考えを吸収するものだ。

この考えは、神の秩序ととてもよく調和する。どんな瞬間も、現れくる人生の流れに波長を合わせれば、どこかのびのび楽々と、すべてが正しい形で正しいタイミングで展開するのだ。

最近、私はパシフィック・ハイツ界隈の食料品店で会計の列に並んでいた。年輩の身なりのいい女性が、やつれてストレスで参ったような顔つきで私のうしろに立っていて、腕からはバゲットとブリーチーズがこぼれ落ちそうになっていた。私は先を譲りたい衝動を感じ、そうした。

にわかに晴れやかな笑顔になった彼女から、一瞬くったくのない子どものような感じが垣間見えた。彼女は食料品をコンベアの上にばらばらと置き、感謝祭とその後は毎年発狂しそうになる、と気持ちを明かした。そして、どうしたら変われるのか知りたいと思っていたと言い、「一月まで、人生を安全ピンでしっかり留めておきたいような気になるんです」と打ち明けてきた。

私は彼女に、休暇シーズン中は何がなんでもリラックスしていようとだいぶ前に決めた、と告げた。

「まあ！」彼女は、まるで私がじつはこっそり頭を三つ持ってます、とでも明かしたかのように興奮して大声をあげた。「そんなこと、いったいどうすればできるのかしら？」

「そうですね」私は言った。「ひとつかふたつ、よりどころになる考えを持っておきます。最新のを教えましょう」

私はカレンの言葉を伝えた。

「楽に、無理せず」彼女は考えを巡らせ、「うん、すごく好きだわ」と言った。それから、ブラックベリーをバッグから取り出して、タイプしだした。

「ほら、自分にメールしました」彼女はそう言って、私をハグした。

買い物袋を持って外に出ていくとき、
彼女の顔は花ひらいていた。
まるでバラが太陽に向かって、
花びらを広げるみたいに。
手間をかけずに変われることも、ときどきある。
ごくごく小さな思いがけない変化が、
すべてを変えてしまうことだってある。

Chapter Eight

WHEN IN DOUBT, CLEAN

第8章

疑わしいなら、浄化せよ

カルマのたいまつ

抵抗すれば、それは存在しつづける。

――カール・ユング

クライアントのジュリーは、過酷で先の見えない離婚手続きの件で、何度も電話をかけてきた。望むのはこれにけりをつけて、じき元夫となる相手を二度と見ないですむことだけだと主張した。ところが彼女は、ストーカーのように彼につきまとい、夜中に彼のアパートの前を車で通って、窓の向こうをじっと見るなどしていた。そうやって、嫌悪と憤怒をひたすら彼に注ぎこんでいた。

激しい怒りは結婚当初のふたりのカルマの絆を存続させてしまうし、離婚の妨げにすらなっていると、私は伝えた。さらに、彼女が怒りゆえに燃えさかる炎の輪に取り囲まれていて、そのせいで新たなパートナーとの出会いを含む、すべての善が妨げられているとも告げた。彼女の世界に入ってくれればⅢ度の火傷を負うこと請け合いなのだから、無理もない。

皮肉なことに、誰かに負の感情を抱くと、まさにその逃れたくてしかたのない相手につなぎとめられる。まっすぐな執着で相手を引き戻し、今生かあるいは別の人生でもう一戦やりあう可能性をつくる。さもなければ、元パートナーに驚くほどそっくりな人を新パートナーとして引き寄せる。

ご存じのとおり、私は真のスピリチュアル実用主義者だ。この人生では、ひたすら平安と幸福のためだけに、あらゆるくだらないことでじつに多くの人々をゆるしてきた。ゆるしは人を傷つける行為を黙認するということではなく、**自分自身を自由にする**。とても基本的なことだ。

〰

そうはいっても、執着の解放はかならずしも自動的には起こらない。とくに、〝どれほど悪いことをされたか〟について、エゴがアイデンティティをつくりあげてしまっていれば尚更だ。そこで、ジュリーに教えた手順をお教えしよう。あらゆる形の有毒な感情的つながり、とりわけ痛みと怒りを手放す方法だ。

送られることのない手紙を書く。相手に言いたかったことをすべて、徹底的に自分自身に言わせてあげること。抑制もせず編集も入れず、書いて、書いて、書く。毒づいても、非難しても、ののしっても、何でもいい。本当に出しきるまでやめないこと。ジュリーは三十ページ以上書いた。

手紙を燃やす。

エプソム塩をたっぷり入れた湯船につかる。その際に、相手への負の執着が体とエネルギー場から残らず抜けていくのを感じる。バスタブから水を抜きながら、ほかのすべても一緒に流れていくのをイメージする。もしバスタブがないなら、シャワーと塩スクラブでもよい。

セージを焚く（またはシダーやフランキンセンスなど、浄化力のあるハーブなら何でもよい）。体の前面と背面を、頭からつま先までくまなく煙にくぐらせる。まだ自分にくっついているサイキック・コードがあれば、残らず溶け去るのをイメージする。サイキック・コードとは、自分を誰かに縛りつけるエネルギーのロープみたいなものだ。それがとれていくのを感じるだろう。

写真や手紙、あるいは相手からもらった物が家にあれば、すべて手放す。そういう物には、相手のプラーナ、つまりエネルギーが入っていて、つながりを断ちにくくする。長々とこだわっていると、それらがまたコードをつなげてくるかもしれない。なので、捨てる。

終結を祈る。この件を完全に手放すことができるよう、宇宙に願う。過去をゆるし、これからの時間に向かって導かれるよう願う。たとえば、こんなふうに祈るのもいい。「今やこの人間関係は完全に、神の秩序のもとにあります。問題は神の御手にゆだねられ、私は奇跡的な完結を受け入れます。これからこの状況は、皆の利益のために完璧な形で展開します。私は手放すことを恐れる必要はありません。私の必要は、つねに満たされています」

相手と自分自身に祝福を送る。簡単ではないかもしれないが、ここが最も重要だ。それぞれが前に進むのをイメージすること。あえてそれを平和な気持ちで眺める。相手と自分自身を祝福することが、皮肉にも執着をきっぱり断ち切る（またこれは、相手があなたを傷つけたやり方を大目に見るということでは、一切ない。それでもただ祝福する。それで充分だ）。もし行き詰まったように感じたら、このための意欲を求めて祈ってもいい。求めればやってくる。

ジュリーは相手の男への激怒という力場《りきば》を相当に抱えていたので、この手順をきっちり三回繰り返し、ようやく完了したと感じた。一週間後、彼が文書で連絡してきて、それまで頑なに拒んでいた多くの譲歩事項に同意した。

こうして、彼女の運命は新たなスタートを切ることができた。

エネルギーの真空状態

自然は真空を嫌う。
――アリストテレス

アメリカでは、物は活き活きしているけど、人はそうでもないね。
――私のメキシコ人の友人、マリア

神の秩序について授業をするときはいつも、まず三週間で家のなかを徹底的に片づけるよう提案する。車も。それにバッグや財布さえも。ガラクタを手放すと、スピリチュアルな取り組みが深く染み渡るのだ。

それどころか、これを教えはじめた頃に発見したことだが、こちらがスペースをつくるまでは、神の秩序がしっかり入りこむ場所がないのだ。不要なものを手放して初めて、必要なものがやってこれる。

そのため、受講生は意図して真空空間をつくる。

太陽星座と月星座とアセンダントのうちふたつが蟹座という、ひどい収集癖の女性ジーナを思い出す。彼女のワンルームの住まいには、隅々に埃っぽい古い雑誌の塔ができていた。クローゼットからは袖を通してもいない服がはみだし、引き出しはくしゃくしゃの請求書や手紙でいっぱいだった。ところが彼女は、ガラクタを処分するという考えをやけに怖がり、クラスから脱落しかけた。

しかし神の助け呼び入れて、立派にもちこたえた。**彼女は、何を手放すべきか、何を持っておくべきかを示してくれるよう祈**った。その決断をエゴに頼っていたら、いまだにカビっぽいクズを残らず持ったままだっただろう。墓場と化した家に埋もれているのも同然だったにもかかわらず、捨てると考えただけでパニック発作に陥ったのだから。

クラスが終わりを迎える頃には、長年の古く停滞したエネルギーが一掃されていた。友人たちが、トラック三台分のゴミの運搬をすすんで手伝ってくれた。自分がその気になったとたん多くの助けがやってきたことに、彼女は驚いた。

さて、彼女の仕事や恋愛は長いこと凍りついていて、もはや解剖用の死体状態だった。ところが片づけからまもなく、刺激的な仕事が新たに見つかり、いまだに愛していた昔のガールフレンドも戻ってきた——すごい出来事だ。さらに、何年も前にやめていた体の運動も再開した。

ある夜、彼女は興奮して電話をかけてきた。「ああ、今はわかるわ。いいことがやってこようにも、玄関からこっちに入れるはずがなかった。あれだけのゴミでふさがれていたんだもの」

ほかにも思い出すのは、前の夫が置いていった高価で立派なトルコ絨毯を持っていた女性だ。絨毯はその美しさにもかかわらず、拷問のような結婚生活を彼女に日々思い出させた。彼女はいつも、「あの下劣な男からもらったのは、このいまいましい絨毯だけよ」とぼやいていた。

私は笑って、手放すよう提案した。絨毯がようやくオークションで売れたとき、彼女はたちまち不思議な軽やかさで満たされた。そして、そのお金で一週間ハワイに行った。あの美しくも惨めな物をあんなに長いあいだ持ちつづけていたなんて――よりによって、ベッドの横に置いて――彼女は、信じられなかった。

〜〜〜

私はつねに自分のスペースから不要な物を捨てている。とはいえ、古びた『となりのサインフェルド』のビデオを手放したときは、ちょっぴり胸が痛んだ。けれど内容はすべて記憶している。長年経った後でも、ジェリーとクレイマーが洗濯機にセメントを入れたあのシーンが、瞑想中に頭のなかで再生されることがときどきがあった。だからあのビデオはもう明らかに、充分にその高い霊的目的を果たしたのだ。

私が昔懐かしい『となりのサインフェルド』を捨てられたのだから、あなたは何だって手放すことができる。今使っている物や大好きな物、そして必要な物は手放さなくてもいい。捨てるのは、それ以外だけだ。どれのことかは、直観的にわかるだろう。

最後に、もしとくに複雑なジレンマに陥ったときは、それが解決されるよう片づけを捧げてもいい。最近、私は過去の恐れと怒りにはまりこんでいた。そこでただキッチンに行き、散らかった引き出しを見つけた。そして引き出しの復旧を神に捧げ、引き出しが整理されるにつれ私も整理されると断言した。

三十分後、私は自由になった。

つまり、外側の形あるものを、自分の内側の心理に見立てて片づけるのだ。

すると、一見ありきたりの雑用も最高に神聖な捧げものとなる。

ヒ素をオン・ザ・ロックでいかが？

愛する人よ、生えはじめたばかりのあなたの大切な翼を丈夫にしない人や物事からは、さっさと立ち去りなさい。
——ハーフィズ

あなたの人生を燃え立たせなさい。その情熱の炎を煽り立ててくれる人を探しなさい。
——ルーミー

私は問題があれば神に捧げ、思いもよらない解決策を花ひらかせるのが大好きだ。ある意味、宇宙の介入を呼び入れるのは苗木を植えるのに似ている。生えはじめた根を土に埋め、それから、花を咲かせるために肥料や水をやる。守ってやればやるほど、植物はよく育つ。

さて、あなたはそんな壊れやすい物に、ヒ素を注いで生命力を確認したりするだろうか？単なる実験のためだけに、灼熱の太陽のもとに突き刺して一週間放置したりするだろうか？

それなのに私たちはよく、新しい生命を芽生えさせている最中に、ほかの人の否定的な部分や恐怖心につきあってしまう。新しい考えというのは芽吹いたばかりで、エネルギーが目覚めはじめたところなのだ。その生まれたばかりの生命は、守り、育んでやらなくてはならない。言ってみれば、畑の周りに柵を立てて、アライグマにレタスを荒らされないようにするようなものだ。

たとえば、あなたが失業したばかりで、私が書いてきたスピリチュアルなステップをすべてやっているところだとしよう。神の秩序を呼び入れる。新しい完璧な仕事はすでに選ばれていて、正しい形で、正しいタイミングでそこにいたると言う。必要なら、将来への不安を神の箱に入れる。パンくずの小路が現れ、行動のための完璧なステップが示されると断言する。神の源にしっかりつながる。

でもこのプロセスは、展開していくあいだ守ってやらなくてはいけない。それと同時に、恐怖や否定的なことにふけるわけにはいかないのだ。

成長には、時間が必要だ。

〰〰

数年前、私はやむをえず卵巣をひとつ摘出した。その出来事を神の秩序で包み、完璧な外科医はすでに選ばれていて、すべてが最高の形で、最も安らかな形で展開していくと断言した。そして実際にそのとおりにいっていた。二日前までは。

その夜、知りあいが伝えたいことがあると電話をかけてきた。彼女はまず、最大の愛と思いやりから電話をしているだけだと言った。それから、じきに私の体に現れるかもしれないという、この世で最もありえない術後の災難についてまくしたてはじめた。麻酔薬への致命的なアレルギーから、外科医がうっかり結腸にメスを置き忘れたせいで死んだ若い女についてのひときわ心を奪う話まで、彼女は嬉々として詳細に語った。

恐怖で震えていなかったら、私だって笑い転げていただろう。

一時間後、私は彼女のエネルギーをすっかり吸収してしまっていることに気がついた。そこで浄化のためにラベンダーを入れた湯船につかり、それを振り払った。

朝になる頃には、私は穏やかになっていた。手術はうまくいった。

そして私は、人の毒を飲みこまないことを学んだ。たとえそれが、〝愛〟をこめて差し出されたものであってもだ。

Chapter Nine

OBJECTS IN MIRROR ARE CLOSER THAN THEY APPER

第9章

サイドミラーに映る物は実際よりも近くにある

心配しないで、祝福を送ろう

心配とは、火に灯油を注ぐようなものだ。
――スキ・ジェームズ

個人セッション中に、クライアントが自身の心配している相手について話すことがよくある。医療的、金銭的な問題を抱えている子どもや親、あるいは友人がいるのだろう。彼らは、その人への尽きない愛の証拠として、朝から晩まで心配していると言う。

だが、誰かのことを大切に思うなら、**心配は相手に送ってやれる最悪のエネルギーだ。**思うほうは最も暗い結果を思い浮かべていることが普通なので、恐怖や限界をそのまま伝達するのだ。

そのため、良かれと思ってであっても、心配は哀れな受けとり手のエネルギー場を負の波動で覆う。「あなたを思っています」と記した黒い速達便に、ゴミやカビ、それにいくらか頭蓋骨が入っているのを想像してみるといい。

それが、心配だ。

だからそれよりは、心配が出てきたらすぐ祝福を送るようにするほうが誠実だ。ただその人を思い浮かべて、光と幸福で満たし、平和で満ち足りているのをイメージする。来る日も来る日もイメージする。それが、どんな愛する人にも思いの上でしてあげられる、唯一最も役立つ贈りものだ。

ある女性が、娘の初めての妊娠にうろたえて電話をかけてきた。彼女は毎夜ベッドに横たわっては、起こりうる災難をあれこれと思い浮かべていた。「出産間近になって、娘がよろけて階段から落ちたらどうしよう」とか、「急に未熟児のまま生まれてきたらどうしよう」とか、「いつかおばあちゃんを嫌いになったらどうしよう」とか、想像は過熱していた。

彼女と娘はとても強く結ばれていたので、きっと娘はこのエネルギーを受けとって、よりいっそう心配を募らせているだろう、と私は思った。それに、胎児が何を受けとっているか、想像してみてほしい。「ちょっと、そこにいるおかしな人たちは、ぼくに何を送っているの？　ぼくはここで、幸福の羊水のなかに浮かんでいるだけなのに。いったいどうしたの？」と、幼き子は思っているだろう。

そこで私は彼女に、祝福を送るよう言い聞かせた。

後に、メールが届いた。彼女は友人たちと家族でグループを組み、毎夜電話で連絡をとりあって、頭のなかで娘に光を送ることにしたそうだ。彼らはあかちゃんの誕生を、安らかさと幸福で包んだ。

娘は気持ちが上向くようになり、出産も無事にいった。

皮肉屋の人なら、どのみちスムーズにいく出産だったと言うかもしれないが、そんなことはどうでもいい。こちらが意図せず送った恐怖心をかきわけて道を歩ませるような真似を、なぜ愛する人にさせなくてはいけないのか。

それと、もし誰かを祝福する時間がないと思うなら、心配がどれだけ時間を使うことか考えてみるといい。心配でいっぱいのとき、人は超集中してフルタイムで気持ちを捧げている。心配から祝福に移行するのに必要なのは、練習だけだ。

だから、送るといい。

愛する人へ、見知らぬ人へ、敵へ、動物へ、地球へ祝福を。

そしてもちろん、あなた自身へ。

メッターの瞑想――喜びを世界へ

他者を慈しめば、あなたの問題は根本から消える。　――仏教徒の教え

オム・マニ・ペメ・フム　――観音菩薩（チェンレジー）の真言

私はメッターをするのが大好きだ。メッターとは、自分自身と、面倒な相手も含む他者に対して、ただ慈愛を送ることだ。それについて書こうとしばらく考えていた。すると昨日ゴールデン・ゲート・ブリッジを車で渡っていると、前に入ってきたロビンズ・エッグ・ブルー色の小型バンが、ブッダの絵で装飾されていた。正真正銘のメッター車。

これはなかなかのひと押しだった。

メッターをおこなうには、ただ静かに座って、呼吸を意識する。それから、平和と愛、

そしてゆるしをまず自分自身に注ぐ。自分自身を祝福し、内心責めている相手がいれば、その人も祝福する。それから対象を愛する人へ、あなたとうまくいっていない相手へ、最後に世界中に移す。

私は具体的な形でもメッターを使う。あるとき人間関係でつらい思いをしていたので、世界中で同じ経験をしている皆にも祝福を向けた。こうすれば簡単に、あなたも同じ苦痛を味わっている人々と念でつながるのを感じ、愛を送ることができる。

すると、全世界が勢いよくひらく。

あなたはたちまち、もはやもがき苦しむ孤独な存在ではなくなり、人類と一体になる。そして祝福を送るにつれ神の導管となっていく。その瞬間、豊かさの源である神へと再びプラグが差しこまれる。

〜〜〜

あるとき、私は小包みを郵送しなくてはならなかった。郵便局の窓口に並ぶ列は入り口の外まで続いていて、切手販売機も長蛇の列が伸びていた。皆のイライラが黒煙のように上昇するのが感じられた。そう感じないでいるほうが難しかった。

そのとき、私はメッターのことを思い出した。そこで呼吸を意識し、郵便局の辺獄に囚われて苛立っている自分に愛を送りはじめた。体がリラックスし、穏やかになってきた。それからほかの人々を祝福し、列で待つ皆に愛や幸福、そして充足感を注いだ。するとすぐに、予想外の変化が起こった。

列が滞っていたのは、外国語を話す人たちが販売機の言葉を理解できなかったからだった。そこにいきなり通訳が現れ、列がまた動きだしたのだ。人々はホッとしておしゃべりを始め、笑い声も聞こえるようになった。

もちろん、メッターを使えばいつもこんなにすぐ、または鮮やかに反応が返ってくるわけではない。でも、どんな状況も上向きになる。奇跡が起こることになっているのなら、メッターはその地ならしをするだけだ。

何よりあなたの送るものを、誰か――あなたのすぐ横に立っている、疲れた様子の見知らぬ悩ましげな人――がどれほど切実に、そっくりそのまま必要としているかは知る由もないのだ。

映画『永遠に美しく……』のように

個人的な意志で無理やり現実化したものは、つねに〝不正取得〟です。
――フローレンス・スコヴェル・シン

私の愛読書に、The Game of Life and How to Play It（『人生というゲームとその法則』）という驚くほどシンプルな本がある。一九四〇年代のニューヨークの思想家、フローレンス・スコヴェル・シンが、拍子抜けするくらい単刀直入な語り口で書いたものだ。私はたちまち彼女のことが大好きになった。彼女は、神の秩序と選択についての基本原則を、純粋かつ明快に伝えていた。

この本に出会い、私の人生は一夜にして変わった。前向きで受容的な思考を保てれば、誰でも人生の流れに乗っていけるとわかりはじめたのだ。この滑稽で古めかしい題名の本は、私のバイブルになった。

シンはある話のなかで、とある家を切望した女性について触れている。彼女は日々、その家に自分がいる様子を真剣に思い描いた。ある日、家の持ち主が突然の病で死ぬと、彼女はその家を買い、ついに夢が叶ったと高揚した。

ところが、引っ越したとたん立てつづけに悪夢が起こり、彼女自身のパートナーも突然死んでしまった。彼女はある日シンに、自分の執着が前の持ち主の死を後押ししたのだろうかと訊ねた。シンは答えた。「おそらくそうです。欲しいものを手に入れようという決意が強すぎたために、もといた女性が〝出ていく〟のを後押ししたのです。あなたは今、その報いに応じているのです」

彼女は続けた。「神の秩序を呼びこんで、『私にとって正しい家を運んできてください。神の秩序によって、私のものになるべき完璧な家を選んでください』と言うほうが、ずっとよかったでしょうね」

〜〜〜

私はこの話に縮みあがった。その本質的な真理が響いてきたのだ。私自身の執着も、つらく滅茶苦茶な結果をよく引き起こしていたが、幸いにして私がほとんど消耗していた。そんな私のもとに、フローレンスの本は騎兵隊のように現れた。

やみくもに結果を追い求めるよりむしろ、自分の内に向かって、「しかるべき形で、関係する全員にとって最高の形で、物事が起こりますように」と願うことを、彼女は教えてくれた。

正しいものを運んできてくださいと宇宙に頼めば、間違った方向に行くことはない。私は数多くの占いを通して、自分のものではない何かを勝手に奪おうとすると、決まって問題が起こるのを見てきた。Disaster（災難）という言葉だって、〝星々に逆らう〟という意味だ。

けれど、神の秩序はつねに、正しい解決策を正しいタイミングで運んでくる。あなたは力を抜き、宇宙の定めた道が現れてきたら、それを辿って進めばいい。

その道を見逃すことはないだろう。

宇宙の大型ゴミ容器から

あなた自身が、全宇宙の誰とも同じくらい、あなたの愛と愛情に値する。
――ブッダ

あなたの頭の上に、焼きたてのパンが盛られたかごが乗っている。それなのにあなたは、パン切れを求めて一軒一軒をまわる。

――ルーミー

内分泌系が壊れて燃え尽きてしまった八〇年代の終わりは、私にとって悲惨な時期だった。私は三年間ほとんど横になって過ごし、深い絶望感に浸っていた。一年後、医師は西洋医学で治すのは不可能だと認めた。そして頼もしいことに、ベッドのなかから暮らしを立てるべく、建設的な方法を見つけるよう提案してきた。「こうなってもやはり、あなたはとても聡明なかただ」当時の担当医は言った。「それにまだ三十歳です。このすべてを人生の新たな章の始まりと前向きにとらえて、ヨガマット袋か何かのかぎ編みでも習ってはどうですか?」

やがて鍼医がどこからともなく現れて状況をすっかり変えてしまうとは、そのときは夢にも思っていなかった。

でも鍼医が現れる前の月に、あることが起こった。

ある意味、その出来事があったから、鍼医が現れたのだと思う。

私は当時、サンフランシスコのリッチモンド地区の、とても小さなアパートに住んでいた。小型冷蔵庫とバスタブのついた、侘しい部屋だった――私の経済力ではそれが精いっぱいだった。病気と失望感に見舞われ、私は純粋な美しいものに囲まれた状態から、洗濯さえままならない有様に変わり果てていた。「だからどうだっていうの?」私は考えたものだ。「どうせこのガタのきた穴ぐらで死ぬのを待つ身なんだから」

その建物の地下室に、住人がゴミを入れる大型の容器があった。私は常食にしていた中華料理のテイクアウトの空箱を抱えて、週に一度そこに降りていた。

ところがある日、そこにあったゴミが私の世界を揺り動かした。

ゴミ容器に立てかけられていたそれは、ラクシュミやガネーシャやサラスヴァティといったヒンズー教の神々が、まばゆく鮮やかな円光のなかにたたずむ新品のポスターだった。金色のキラキラが、彼らのみずみずしい姿の上で光っていた。

彼らとは、長い、長いつきあいだった。病気になるまでは、彼らは私の部屋じゅうを飾り、私にとって最も古い魂の友だった。自分の子どもの写真を財布に入れる人がいるが、私は彼らの写真をそうやって持ち歩いていた。でも人生が悪夢のどん底に向かって下降しはじめたとき、私は心の扉をピシャリと閉め、怒って別れの言葉を吐いた。神に見捨てられたと感じた人々を数多く占ってきたので、そんな霊的裏切りについては確《しか》と聞いていた。

それなのに、愛しい宇宙の仲間は忍耐強く、奇妙にも笑みをたたえながら、輝くセロハン紙に包まれて地下室にいた。待っていてくれたのだ。ガネーシャの穏やかで優しいまなざしは、私を磁石のように引きつけた。

絶望にすさみきっていていた私だが、そこにすごいしるしを見てとった。私はこの闇夜のなか、きっと宇宙には自分の想像を超えた計画があると信じる心を捨てて、自分からゴミ溜めに飛びこんでいたのだ。自分は神聖な存在であるという認識を失い、助けに値する存在だということすら忘れていた。

私はポスターを大事に部屋に持ってあがり、ベッドの上のほうのまっさらな白い壁に貼った。数か月ぶりに部屋を隅々まで掃除し、サンダルウッドのお香を焚いた。それから足を引きずりながらコインランドリーに行き、大量の洗濯物にとりかかった。

翌日、私は髪を切りに行くために道を渡った。かわいそうな体に苦しい思いをさせてすまないと謝り、助けると誓った。

そうして私は、回復の道を歩みはじめたのだった。

Chapter Ten

OWN YOUR POWER (OR SOMEONE ELSE WILL)

第10章

自分のパワーを所有する（さもないと、ほかの誰かに所有される）

悪気はありません

愛と慈悲は必需品であり、贅沢品ではありません。それらなくして、人類は生き延びることはできません。
——ダライ・ラマ

どうすれば空港のセキュリティ・チェックのトレイに、すべてをぽんぽん効率よく入れられるのか、アセンダントに海王星があるからかもしれないが、私はわかったためしがない。落ち着いて何個か物を取り出し、しなやかにゲートをくぐる人々を見ると驚嘆する。私の荷物の中身はいつも六層になっていて、服、ショール、ノートパソコン、財布、それにあのジップロック袋はなかば液体がこぼれそうなボトルを入れておくのに必須で、それと指輪が全部の指の分だけあって、警報を鳴らすもとになっている。前もって準備していても、やはり少なくとも七つはトレイが必要で、双子の母親より時間がかかる。

そこで最近のニューヨークへの旅でやり方を刷新し、私は列から出て、荷物をすべて整理して、列に戻っていいかとひとりの女性に声をかけた。そして、新たな方法を試みていることについて、軽く冗談を言った。

すると彼女の顔がたちまち歪み、暗い怒りの仮面に変わった。彼女は金切り声で、「ちょっと。あなたのバカ話なんてどうだっていいわ。黙ってこのいまいましい列に戻りなさいよ！」と言った。そして私の明らかな愚行について、誰の耳までも轟《とどろ》く声で文句を言いはじめた。

その光景ときたら、凄まじかった。

彼女の反応があまりに強烈で予想外だったので、私はただ息をのんだ。

そのとき、昔の私ならどう反応しただろうかという思いがよぎった。

多感な気質のなすがままだった何年も前の私なら、ドッと泣きだし、せっかんされた子どものようにむっつりとし、申し訳なさそうに列の最後尾あたりに入ったことだろう。

その十年後は、一歩間違えば彼女の炎に対抗し、毒気のテニスボールのような憤怒を思いきり打ち返し、地獄に堕ちろとでも言っていたかもしれない。ある種、変な進歩だ。

でも今は、そのどちらでもない第三の扉があった。

彼女が攻撃してきたとき、ある感覚が私のなかに湧いた。「まあ、情緒不安定なかわいそうな女の人。これじゃ一日乗り切るのもやっとね。私には何の関係もないことだわ」

私は彼女の鋼《はがね》のような目を覗きこんでにこりとし、列に戻った。近くに立っているので、彼女の爆発が痛烈に感じられた。すると、誰にも耳を傾けてもらったことのない、誰にも声を聞いてもらったことのない誰かの感覚が、激しく押し寄せてきた。どうりで彼女はあんなに怒っていたわけだ。

私に感じられたのはただ、「彼女はあんなふうに自分自身に口をきくのね。あんなふうに扱われているんだわ」ということだ。私は自分の子ども時代も、いくらかそんなところがあったのを思い出した。「彼女は、内面を変えることができるって全然知らないんだわ」

頭のなかで彼女に善い思いを送っていると、慈悲の波がこみあげてきた。それから列を前に進みながら、私は含み笑いをしないではいられなかった。

準備するという試みにもかかわらず、またしても空港でひと悶着起こってしまった。

心理的な人質を解放する

自分で考える機会を逸してはいけない。
――ユキ・トモ

ときどき私たちは、より偉大な力に対してではなく、意図せず権威的になってしまったちっぽけな独裁者に対して、人生を譲り渡してしまうことがある。すると、彼らの心理的あやつり人形として白昼夢のなかで生きてしまい、たとえ彼らが傍から消えて紐を引かなくなっても、そのまま生きつづけてしまう。

以前、親からの心理的な支配を理解しようと、人生の半分をセラピーに費やしているクライアントがいた。でも彼らはそのコードを、けっして完全には断ち切らなかった。三十代、四十代、あるいはそれ以上になって、過去の惨めな奴隷でいる人ほど痛ましいものはない。

私自身の父はとても寛大な心と、抜群のユーモア感覚を持っていたが、私の幼い頃はかなり要求の厳しい人でもあった。彼にとっては、何も充分良いと感じられなかった。ある種のカルマを解消すべく、私が魂としての彼を選んだとは思う。しかし私はおとなになっても、彼の絶え間ない批判の声みたいなものから自分自身を解放しきれないでいた。父のことは深く愛していたが、私の一部は、従順でがっかりさせてばかりの子どものままだった。

数か月前、私はひどい執筆スランプにぶちあたった。締め切り直前の企画もひとつあった。そこである日、私は必死に祈った。「お願いです。私をここから出してください。私は自分自身の声が必要です。このままの私で充分である必要があります」

気がつくと、海に引かれている感じがした。知ってか知らずか私を傷つけた父からの手紙を持って、私は海に向かった。正直なところ、もはや何が現実で何が自分自身のこりかたまった反応なのか、わからなくなっていた。

それから私は、ココナッツと花を買いに店に立ち寄った。以前に別のことでおこなった、インドの儀式をするつもりだった。

このごちゃごちゃの一切を、これを最後に神に捧げるときがきていた。私はじっくりと時間をかけて瞑想し、膝の上に置いたココナッツに、満たされない思いや感覚をすべて入れていった。それから立ち上がり、石の壁めがけてそれを思いきり投げつけ、サイキック手榴弾のごとくミルクが爆発するのを見た。

次は手紙を燃やさなくてはいけなかったが、風が強すぎて、ライターが使いものにならなかった。すると信じられないことに、数ヤード先でふたりの若い男性が大きな焚き火をしているのが見えた。「夢を見ているのかしら」私は思った。「真昼の海岸で？」

そこに歩み寄り、事の次第を説明した。ひとりが、「気をつけて！　猛烈に熱いから」と、注意をうながした。「あなたが火傷をしないよう、僕が投げ入れようか？」

「いいえ！」私は大声をあげ、風が髪を激しく吹きつけた。「私が娘だから。私がしないと！」

長い棒をつかんで、燃え盛るオレンジ色の炎に手紙を押しこんだ。紙が燃えてグレーの灰になって浮かんでくると、彼らは私にハイタッチをし、「自由になった、あなたは自由だ！」と大声をあげた。彼らのハイネケン・ビールで乾杯し、ひとりはちょっとした勝利のダンスまで踊ってくれた。

それから私は感謝をこめて、気性の荒い最愛の父にとりわけ感謝しながら、紫の蘭を波打ち際に並べた。私の激しくて情熱的な奔放さは、まさに父譲りだった。

わかるかと思うが、内にいる人質は、あなたがどこかの時点で解放してやらなくてはならない。

その門を突破してくれる人は、あなた以外に誰もいない。

あなただけが、最終的にバリケードを破って自由にしてやれるのだ……あなた自身を。

あなたの苦しみが大好きな友人のこと

夢を手放した人は、ときにあなた自身の夢を葬り去る手助けをする。
――作者不詳

ミシガン湖の近くに住むパティというデザイナーに占いをした。彼女は、〝悪天時の友〟について話をした。

「人って、好天時の友についてはよく話しますよね?」彼女は訊いた。「こっちが順調なときだけ寄ってくる人たちのことです。あの、私にはその逆の友だちがいるんです。マリーっていう親友のひとりなんですが、どうやら私の災難がとにかく好きで好きで、しかたないみたいで。私の資産が暴落するとか、恋愛が破綻《はたん》するとか、健康のことで大失敗するとか、そういうことがある限り、彼女は最高に頼りになります。いくらでも話を聞いてくれて、同情してうなずいて、舌打ちして気の毒そうにして」

「二年前、私が手を骨折したのと同じ週に婚約者に捨てられたとき、意外なことに、マリーは明るく微笑んでました。私の人生についてずっと驚嘆していて、元気いっぱいで頼もしかった。だけど興奮して、『あらあら、最悪のカルマが出てしまったんだわ。あなたがどうすれば生き延びることができるのか、見当もつかない』って言ったんです」

「私、彼女を殺してやりたかった。でもそのとき、せっかく助けてくれているのにって思って、罪悪感が出てきたんです」

「彼女の助けには、かなり犠牲を払うんです」パティは長いため息をついた。「でも今年、私は山ほど変化を起こしました。神の秩序を呼び寄せ、ヨガをして、前向きな思いを宣言し、できることは全部やっています。状況は花ひらきつつあります。そしたらマリーが、じつを言うと、くさりきってるんです」

私は同情した。こちらに問題が起きたら姿を消してしまう友人も絶対欲しくないが、こちらの幸福に脅かされるような人もいらない。友として正しい人なら、こちらの喜びを幸せに思うものだ。

ところが、自分用の良いことがやってくると信じない人は、あなたの良いことに嫉妬する。宇宙銀行には一定の豊かさしかなくて、あなたが受けとると、自分の受けとる分が減ると思いこんでいる。けれどそれは、とことんばかげている。その思考の根底にあるのは欠乏感や恐怖心、そして喪失感だ。

　実際には、幸福で、満足して、充足していればいるほど、どんどん与えるしかなくなっていく。それも皆に。

　私が最初についた霊能者の先生は、あることを何度も繰り返し言った。「誰かがあなたにとって良いかどうかは、その人が近くにいるときにはわからない。でも別れた後に、自分がどう感じているかを意識してみるように。元気になりましたか？　疲れましたか？　いつもかならず消耗するなら、その感覚を信じなさい。そのうえで、つきあいを控えめにするか、一切やめるように」

「彼らを祝福して、去らせてやるのです」

犠牲者意識を捨てる

復讐とは、自分で毒を飲んで、相手が死ぬのを待つようなものだ。
――キャリー・フィッシャー

唯一本当の美は、自己受容です。
――ミーガン・フォックス

パトリスという女性に占いをした。彼女はお決まりと言っていいほど退屈な、よくある男女の事件にはまりこんでいた。五十歳を目前にして、その半分ほどの年の女を選んだ二十歳の夫エドに〝捨てられた〟のだ。憤りと痛みでいっぱいになった彼女は、傷を負ったトラのような声でわめきながら電話をかけてきた。

また彼女は、自分より若いその女への憎悪で消耗しきってもいた。〝あの小娘が夫を追っかけまわさなければ〟今もすべてうまくいっていたのにと信じ、怒ってばかりいた。そんなパトリスもじつはピラティスの先生で、素晴らしい体型の持ち主ではあったのに、宿敵と比べて自分自身をよぼよぼだと感じていた。

さて、私は何から話を始めればいいのか、よくわからなかった。

まず、彼女の痛みは理解するけれど、拒絶や競争が存在するとは信じていないと言った。霊的な領域では、そのどちらもが幻影だ。神の源に根ざしていれば、他者に関係なく、来るべきものはいつも来る。

(ちなみに私は、われわれの文化に浸透している年齢や性の差別や、そんな話を焚《た》きつける風潮を無視しているわけではない。でも、そういう窮屈なテーマから自分のエネルギーを離しておくことは、誰にでもできる。別の言い方をすると、嘘を信じないように、ということだ)

一緒に彼女のチャートを見ていくと、本人の言い分とは違う話が浮かびあがってきた。結婚生活は、土星がスクエアの角度をとっていた七年前からほとんど破綻していた。最初パトリスは黙りこみ、それから静かに、そのとおりだと認めた。もう長いこと八方ふさがりのように感じていたらしい。子どもはおらず、ふたりともフルタイムで働いていたのに、彼女が家のすべてをこなし、女中と秘書と乳母を足して三で割った存在のような気分だった。さらに、ふたりのあいだにはまったく会話がなかった。

彼女は毎日、別れることを夢見ていた。

「だったら、願いが叶ったんじゃないの！」私は言った。「どこかの若い娘が彼を奪ったんじゃない。国際的な地下誘拐組織か何かにでも属していない限り、誰かが誰かを盗むなんてできないんだから。彼女はその組員だったの？」

「私の知る限りでは、違うわね」パトリスは笑った。「だけど、私が別れを持ちだしたかったの。それに、彼より先に、私がまず相手を見つけたかったの」

つまり本当のところは、妻が休みの日にせっせと風呂掃除している隙に浮気をする男と一緒に、彼女は何年も惨めな状態でいたのだった。

彼女はずっと出ていきたかった。そしてついに宇宙が、その牢獄の鍵をくれたのだ。

「いつか」私はにやりとして言った。「あなたの後釜に感謝の手紙を送るべきよ。冗談抜きで。あなたが週末、自由にタマルペーズ山にハイキングに行っているあいだに、あっちは風呂掃除をするはめになっているかもしれないから」

明らかに、パトリスは学びのはやい生粋のニューヨーカーだった。獅子座の多くがそうであるように、彼女にとって終了したことは、本当に終了していた。彼女は自分の犠牲者話を、熱い石炭を放るように捨て去った。夫に捨てられたと言うのをやめ、解放されてありがたいと思うことにした。

それから、ほかの人と自分を比べるのをやめ、あえてそのままの自分で美しいと思うことにした。

「しばらくそのつもりでいれば、それが現実になる」私は約束した。「直観の働く受容的な頭の部分は、あなたが言うことを信じるの。そこは柔軟で自由に形を変えることができて、あなたの一言一言を待っている。気をつけて言葉を選ぶのよ！」

やがて彼女がメールで、新しい人とつきあいはじめたと知らせてきた。

「ちょっと聞いて。彼が出会ってすぐに、『ありのままの自分を好きでいるように見える女性には、そうそう出会えるものじゃない。きみはその輝きを放っている』って言ったの」

なぜ占い師（あるいはほかの誰か）にパワーを譲り渡すのか？

悟りとは、自分自身の二本足で立てるようになることです。
——アジャシャンティ

ノックをしたら、神との面会を求めなさい……自称仲介者とではなく。
——ソロー

ときどき、私の仕事人生は矛盾を絵に描いたような状態になる。実質的には十代の頃から人々に占いをし、講座や物書きをしていないときは、今もしている。それなのに、私は自分のことを〝やる気のない霊能者〟と呼んで笑い飛ばす。

誤解しないでほしい——仕事はだいたい楽しんでいる。私は人々の直観に対して、信頼できるセカンド・オピニオンを与えるという役を務めるのが好きだ。でも、自分のパワーを誰かに、それこそしきりに誰にでも譲り渡したがる人がいることを、いつも悲しく思っている。

なかには、すべてを占い師が決めてくれたらいいのに、と思う人もいる。

だが、良い直観力者は、絶対にそのハンドルを握らない。むしろ人々が自分で妥当な道を見て、道中の落とし穴や教訓がわかるよう力を貸す。彼らが直観的に感じていることとアドバイスとを、自分自身で照合させてやるのだ。

それに、百パーセント正確な予言など誰にもできない。私たちの未来はサンスクリット語でプララブダ・カルマと呼ばれるものであり、この肉体の持つ運命に、みずからの進化的行動と思考による創造とが組みあわさってできる。自分の波動を高く前向きに保つのが、その鍵だ。私たちは日々、未来を更新している。なぜなら人生とは、宿命と自由意志の入り混じったものだからだ。そしてそこには、けっして完全に読み解くことのできない神秘が、いくばくか含まれている。

良い占いを受けると、あなたはパワーを得るのであって、予言に震える犠牲者にはならない。耳に入ってくることの正しさを体が感じ取り、最も深い直観が裏づけられる。世の中に良い占い師は確実にいるが、まずかかわらないでおくべき人もいる。彼らは、不安や依存を生み出すことで利益を得ている。恐怖という通貨で自分の銀行口座を肥やしていくのだ。

なんにせよ、ジレンマに陥ったときの次の〝正しい〟ステップは、神の秩序を呼び入れることだと私はたびたび思う。私の真の情熱は、人々が神に波長を合わせられるよう手助けをすることだ。

〰

ロサンゼルスで法的に同性結婚をした初期のカップルである、エレインとゼルダに、私は何年も占いをしてきた。ふたりともパワフルで不動宮の多いチャートの持ち主なので、けんかが生じるのは疑うまでもなかった。それにもかかわらず、ふたりが自分たちの仲を神に引き渡せば引き渡すほど、うまくいくようになっていた。

エレインがある霊能者から、ふたりが一緒にいるのは残り二、三年だけだと言い渡され、心配してメールを送ってきた。私は訊いた。「いったい何をどうしたらそんな予言になるの？　あかちゃんをもうけたばかりだっていうのに、呆れるわ。どうしてそんな恐ろしいことを考えつくのかしら？」

それに、そういう予言がその出来事を生じさせることだってあるかもしれない。神の秩序を呼び入れれば、カルマ的に正しい限りふたりは一緒にいることになると言い切って、私はエレインをなだめた。怖がる必要は何もない。

まったく運命鑑定ってやつは。

同じことが、友人のデイブにも起こった。彼はある男性と楽しくつきあっていて、ふたりの関係はなるようになると構えていた。するとある占い師が、訊かれもしないのに、今のボーイフレンドは合っていなくて、別の男が後から現れると伝えてきた。デイブはたちまち、心ここにあらずという状態になった。突然変異して壊れたラジオみたいになった脳のなかで、その霊能者の言葉が響いていた。私は、それを捨てる方法を彼に教えた。

良い占い師は、かけがえのない登山案内人《シェルパ》となり、どの道が最もうまく機能するかを指し示して、あなたの道探しを手助けすることができる。

悪い占い師は、まさに次の崖っぷちまであなたを導くことがある。

むやみについていかないように。

答えはあなたのなかにある。

Chapter Eleven
ROMANTIC KISMET

第11章
恋愛についての神意

女神カーリーと結婚する

ハートは選ばない。
——コレット

だけどそれは、きみが探している変人かもしれない。
——ビリー・ジョエル

『ルールズ　理想の男性と結婚するための35の法則』（ベストセラーズ）など、いまだに出回っている五〇年代風のカビ臭い本のせいか、異性関係に怯える女性たちからたくさん電話がかかってくる。ほかのことでは強く、有能な人たちまでも、「私、言いすぎたんでしょうか？」とか、「なぜ私は、もっとはにかんだ感じでいるべきだったんでしょうか？」とか、「もっと冷めた態度ができなかったんでしょうか？」とか、今もって訊いてくる。

だが、カルマの力に小細工は必要ない。あらゆる種類の人々を数多く占ってきて、確実にわかっていることがひとつある。あなたが誰かと一緒になるべき運命なら、何もそれをとめられないということだ。相手を縄でくくりつけたり、駆け引きをしたり、薬を飲ませたりして愛してくれるよう仕向ける必要はない。女性が自分らしくあることを脅かすあの手の本は、どういうわけか、悲劇的であるのと同時に滑稽だ。

私の霊能者の先生のひとりは、こんなふうに言っていたものだ。「カルマとは電車みたいなものです。それがやってきたら、乗らないでいることはほぼ不可能です。ついでに言えば、良くも悪くも、最終停車駅の前で降りることもほぼ不可能です」

さて、こちらがその証拠だ。

エリという男性が電話をかけてきて、元の恋人エルザとよりを戻したと言った。彼は喜びいっぱいで、結婚式の日取りを決めるために、ふたりのチャートを見てほしいと言った。ふいに私は、前の年にした彼の最初の占いを思い出した。

「あー、ちょっと待って！」頭を手で叩き、大声をあげた。「この彼女って、あなたの服を全部捨てた頭のおかしな娘じゃない？　あなた、バスローブを着て電話をかけてきたわ。覚えてる？　接近禁止命令を出してもらうとか言ってたじゃないの！」

エリは笑って、あのときのことをまた話した。ある夜ふたりは大げんかをし、翌朝、彼は出張に行った。彼の留守中、牡羊座の芸術家で月星座が獅子座で間違いなく女神カーリーの生まれ変わりのエルザは、まだカンカンに怒っていた。

そこで彼の服や靴、帽子など全部――貴重なビンテージもののライダーズジャケットさえも――、《クロスロード・トレーディング》古着店にまとめて売ってしまったのだ。（このかんしゃく玉は、福祉団体《グッドウィル》に寄付はしなかった。それどころか、売り払って金儲けをしていた）

それから、彼女はその金を持って出ていった。

彼はようやく一週間後に新しいスーツを手に入れるまで、スウェットとビーチサンダルで職場のＩＴ会社に出勤した。

それなのにふたりはよりを戻し、結婚の計画を立てていた。

「だって」彼は白状した。「彼女は天才クリエイターなんです。まあたしかに、完全にどこまでも変です。だけどそんな彼女に、僕は夢中なんです。彼女の新作のショーが、来月からポトレロ地区で始まるって言いましたっけ？　案内を郵送します。とにかく、ほかの誰かだったら僕は退屈で死んでしまいます」

最近彼から連絡があり、ふたりの仲は〝幸せいっぱいに大嵐が吹き荒れている〟ということだった。

あのカーリーと結婚することを選ぶのなら、それ以上に何を望めよう。

カルマとはそんなものだ。何かが合致したとき、過去生がエネルギー的な親和性と認識のパターンを形づくる。過去の炎によってつくりだされたテンプレートが、再びカチッとはまる。人と人がちょうど適合する。

イディッシュ語にこの共鳴を表す良い言葉があって、バシェルトという。運命づけられている、ということだ。

だから、あなたはリラックスして、自分らしくしていればいい。

その仲がバシェルトならば、〝適切に〟ふるまうには及ばない。ブロードウェイの舞台に出るべくオーディションを受けているのではないのだ。

そしてそれが、バシェルトでないなら——まあ、面倒の一切合切に遭わずにすんだということだろう。

本心を言う

全員一致で沈黙という陰謀を守る部屋では、真実の一言が拳銃の発射音のように響く。
——チェスワフ・ミウォシュ

インドの暦では、四つの時代すなわちユガが循環する。たった今、私たちは最も腐敗した最後の時代、カーリー・ユガにいる。かなり謗《そし》られ誤解されている、あの死と変容の女神カーリーに支配される時代だ。

聖典によれば、この時代には言動が一致する人が少ない。あるいはむしろ、人々が嘘をつくというほうが合っている。それもたくさん。

ほかの人に対して、そしてしばしば、自分自身に対して。

そのためこの時代には、自分の言葉に忠実になると、このうえなくパワーを発揮する。言ったことを実行し、本心でものを言うということだ。

〜〜〜

あるとき、グレッグというとても魅力的な男性が、占ってほしいと電話をかけてきた。彼は地元のデンバーでふたりの女性とつきあっていて、どちらにも〝本命〟だと思ってもらおうと懸命だった。

「だって」彼は言った。「今完璧な状況を手にしていて、何がなんでも、しくじるわけにはいかないんです」

ひとりの女性は知的で刺激的で、もうひとりは、まあ、ただセクシーだった。彼はどちらも失う危険を冒したくなかった。

しかし、混乱と欺瞞のせいで彼は疲れきっていた。そして二股をかけはじめた数か月後、結局ふたりの女性は鉢合わせした。

グレッグは白状した。「そしたら最終的に、嘘つきって、両方ともに見捨てられました」

神の秩序を求めて祈れば、単に真実を言うことがどれほど楽になるか、私は彼に説明した。彼の場合、こう言うのがいいだろう。

「完璧なパートナーはすでに選ばれています。彼女は正しいタイミングに正しい形でやってきます。誰であれ正しい相手はすでに選ばれていて、僕のところにやってきます」

失うことを恐れて嘘をついたり、ごまかしたりする必要はなかったのだ。彼にとって起こるべきことが起こるのだから。

グレッグからメールがあり、彼個人の人生にこの波動を呼びこむよう、私と話して以来ずっと熱心に励んでいたと書かれていた。そしてようやく、過ぎ去ったふたりの最高の部分をあわせもった人と、幸せにつきあいはじめたということだった。

マーラという別のクライアントは、今の恋愛は何年も前から終わっているけれど、本当のことを彼に言って傷つけるわけにはいかない、と言い張った。彼には絶対それを受けとめることができない、と彼女は確信していた。

けれど私は、だいたいはその逆だと言った。終わっているとわかっている関係に留まることで、彼が先に進むのを縛ることになる。それどころか、彼にとって正しいであろう相手との出会いを妨げることにもなる。

これは私たちの多くがしたことがあるが、ある種、変な恩着せだ。

できるだけ愛をこめて優しくはっきり本当のことが言えるよう、勇気を求めて祈るほうがずっといい。心の奥でじつはすでにわかっていた事実を確認してくれたことに、人は大概いつか感謝するものだ。

確率が関係ないとき

自分で扉をあける方法は知らなくてもいいけれど、安全錠をひとつかふたつ外しておくといいだろう。
——ヒロミ・ミン

ジャニーンという女性が電話をかけてきて、探し求めているタイプのパートナーが一向に見つからない理由を知りたい、と言った。彼女はサンフランシスコは大好きだが、より〝確率〟の高い土地へ引っ越す必要があるといよいよ決意していた。この土地で見込みのありそうな男性は、ひとり残らず結婚しているかゲイか、その両方だと嘆いた。私は、問題はそういうことではないと熱く言い聞かせた。「これは、数字の問題じゃなくて、カルマと波動の問題なの。それに選択肢は百もいらない。密かにモルモン教徒でもない限り、必要なのはたったひとりよ」

だが彼女の気持ちは固まっていた。彼女は、究極の男の地バルハラ〔訳註：北欧神話で、戦死した英雄の霊が招かれるという、オーディン神の殿堂ワルハラにちなむ」に引っ越そうとしていた。アラスカだ。

私は面食らった。「あそこに本当に、住みたいの？」

「ばからしい」彼女は答えた。「もちろんいやです。私にはここが合ってます。でも、あその男女比は85対1とかですから。私、絶対に行かなくてはならないんです」

私は、神の秩序を使えば、高くて疲れる引っ越しをしなくてすむかもしれない、と言った。そこで彼女は、一か月間こう言うことに同意した。「完璧なパートナーはすでに選ばれています。彼は正しい形で、正しいタイミングに現れます。彼を受け入れることを、とても感謝しています」

しかし彼女は万全の準備をしたかったので、ツンドラの地への移住に向けて、荷物をまとめつづけた。

神の秩序を求めて真摯に祈ればパートナーは正しいタイミングにやってくると、私は断固として言いつづけた。探しまわる必要はない。自分には受けとる価値があると感じることで望む体験を引き寄せ、現れてくる進路の目印を辿っていけばいい。でもそのためには、自分はそれに値する、と感じなくてはならない。行きたくもない土地に引っ越す必要はない。私はさらに、修道女同然の生活を送っていた友人のアナが、訪ねてきた配線修理の女の人と熱烈な恋におちた話までした。

しかしジャニーンはひるまなかった。

夏が終わる前、空港から涙声で別れの電話をかけてきて、去っていった。

ハロウィーンの前に、電話がかかってきた。アラスカのジュノーにいるジャニーンだった。

「ねえ、聞いて驚かないでくださいね」彼女はふざけてもったいぶった。「ふふ、私が何を言おうとしているか、もうわかってますよね？　正直言って、ここに来てばかばかしいったらありませんでした。素晴らしいところだけど、私には合わなかったから。でも例の神の秩序のあれ、こっちに来てもずっと続けてたんです」

「そしたらある夜、カフェで男の人が話しかけてきて。その人は休暇でこっちに来てたんですけど、どこからかというと……」

私は話に割りこんだ。「……まさか、ここ？」

「ええ、そうなんです。そのとおり」彼女は笑った。「ミッション地区の私のいたアパートから、十二区画離れたところに住んでるんです。最高に、素晴らしい人。一か月ずっと一緒にアラスカを駆けまわって、まさに天国でした。彼ったら冗談で、もしかしたら僕たちは高価な休暇から始める必要があったのかもね、って言うんです。私、明日そっちに帰ります」

世界に心を寄せる

最期を迎えるとき、私はこう言いたい。私は驚嘆と結婚した花嫁だった、
世界を丸ごとこの腕に抱きしめる花婿だったと。

——メアリー・オリバー

十代の頃から、私はバレンタインデーとは微妙な関係にある。アセンダントが天秤座で未年生まれの私には、カスピ海のように深いロマンチックな一面があるので、それは奇妙なことなのである。けれど、ハートの祝日があんなに狭い条件と限定的な目的しか持たないことが、いつも間違って思えるのだ。まるでこの惑星の最強の力が、ひとりの特別な相手が受けとるためだけに創造されたかのように見える。

宇宙にあまねくシャクティは、もっと多様で創造力に富んでいるように思う。水瓶座に星が四つ入っているせいかもしれないが、私はよく、愛とは単に個人的なあり方ではなく、地球的なものだと考えている。この疲れて病んだ惑星を、それこそ皆が大胆に、奔放に、たく

さんの祝福で覆い尽くしたら、素晴らしくはないだろうか。昔の格言にもあるように、無差別の親切、無分別の美しい行為を実践したらどうなるだろうか。

〜〜〜

何年も前のあるバレンタインデーが、私の人生を変えた。カワサキの黒いバイクに乗る女流脚本家で、女神みたいに素敵な女が、私とのつきあいを終わらせたのだ——二月十二日に。私はバレンシア通りの電話ボックスで、泣きじゃくりながら友人に電話をかけた。

視界の端で、ホームレスの男がこちらを見ながら買い物カートを押していくのが見えた。数分後、彼は戻ってきた。

「これをあなたに」そう言って私をまっすぐ見て、いったいどこで見つけたのか見当もつかない、立派で大きな白いガーデニアを差し出した。「ねえお嬢さん、泣かないで。うまくいくよ。約束する」

言うまでもなく、私はいっそう泣いた。そして彼を思いきりハグし、財布に入っていたお札を全部あげた。彼の何かが私のハートを一気にひらき、気持ちが晴れた。

その男のおかげで、翌日、私はもう突然の別れにめそめそすることもなく、元気になっていた。そして名を告げず人を助けて街じゅうを動きまわり、じつに多くの人々が、恋人がいようがいまいが、このいわゆる大事な愛の日にひどく惨めな思いをしているのを見た。出会った誰にでもただ与えるということが、信じられないほど素晴らしく感じられた。

その日、私はずっと祈りを胸に携えていた。「愛の力となれるなら、どこであれそこに導いてください。お望みのままに、私をどこにでも連れていってください。あなたの指示を実行させてください」

それは最高のバレンタインデーへの確実なルート。
あるいはベストな人生への。
すごいパートナーがいても、
いなくても。

Chapter Twelve

MUNDANE MIRACLES AND OTHER MYSTERIES

第12章

日常の奇跡とそのほかの神秘

七百ドルのペントハウス

神の意志は、道のないところに道をつくる。
——作者不詳

伝統によっては、呪文で奇跡を起こす、と呼ばれるものの信奉者である私は、事の大小を問わず、いつも神の執りなしを招き入れる。人々はよく、合理的に考えても解決の糸口を探り出せないような、大変で複雑な状況について相談してくる。無力感や絶望感を少しずつ煽る友人に囲まれていることも珍しくない。けれど奇跡を呼び入れることで、直線的な合理的思考ではけっしてあけられなかった扉がひらくのを、私は長年にわたって見てきた。

前述のとおり、以前まれな内分泌機能不全を患い、三年をベッドで過ごした。最終的には腕のいい鍼医が現れて、九か月で快復できた。

しかし、奇跡はそれだけではなかった。

健康を取り戻しはじめると、新しいアパートが必要になった。寝たきりのあいだは、狭くて暗い部屋で、ホットプレートひとつと床マット一枚で生活するのも、正直なところ気にならなかった。でも再び半機能的な人間のような気がしてくると、家らしい家が欲しくてたまらなくなった。

何年かほとんど働けなかったので、資金はゼロに近かった。でも私の思考は直近の治癒によってしなやかになり、また畏怖の念に打たれていたので、驚きに対して大きくひらかれていた。

この家探しがいかに〝非現実的〟かを言ってくる人が、周りにほとんどいなかったのもじつによかった。桁外れのサンフランシスコの住宅市場について、念押ししてくる人もいなかった。私は心底、完全に、奇跡を受け入れられる状態だった。ああ、何しろ病床から出てきたばかりだったのだ。失うものは何もなかった。

ある日、私は近所のリッチモンド地区を軽く散歩していた。するとギアリー大通りの穴ぐら同然の私のアパートから三区画先で、「ペントハウス貸します」という看板が目に入った。背が高くて浅黒い肌の、陽気な感じの男性が近くに立っていた。「上に行って部屋を見てみたいですか？」彼はにこやかに訊いてきた。

「あの、どうしたらこんな場所を借りられるのか、想像もつかないから」私は痛々しく笑った。「でも、見ちゃだめな理由はないですよね？　物事なんてわからないものだし」

「そうですね」彼は同意してにこりとした。「それだけがこの人生で確かなことです。何がどうなるかは、絶対にわからない」

あがってみると、最上階のその部屋はびっくりするほど素晴らしかった。広くはなかったが、ゴールデン・ゲート・ブリッジが床から天井まである窓から望め、アーチ形天井に天窓がついていて、床は堅い材木で、エネルギーが活き活きしていた。

「家賃を訊く勇気さえない」私はため息をついた。

「ふむ。今はいくら払っているんですか？」彼は訊いた。

そして、これがその顚末だ。月に二千ドルで貸すことになっていたアパートを、この天使は、あのあばら屋にほんの二百ドル足した額で貸してくれたのだ。

彼は言った。「僕はシリアの出身です。ダマスカスの街で育ち、四歳になる頃には、人の性格をすぐに読み取ることを学んでいました。生死にかかわることでしたからね、わかるでしょう？　あなたが歩いてきてすぐに、三つのことがわかりました。信用できる人だということ、災難に遭ったばかりだということ、そしてあなたにここに住んでもらいたいということです。あなたはぴったりだった」

そうやって神の秩序は、サンフランシスコのペントハウスを三年間与えてくれた。願ってもない期間だった。最終的に建物が分譲になり、友人が購入して私は場所を譲った。

現実の性質は、ときにものすごく非現実的なことがある。

なるようになる——外れた弾丸

人生は、起こるままにしなさい。つねに、人生は正しい。
——ライナー・マリア・リルケ

感謝祭の翌日、コリーンに占いをした。彼女は、映画『トゥームレイダー』のヒロイン、ララ・クロフトをほぼ地で行く人だ。双子座で月星座は射手座、ハンドグライダーとウィンドサーフィンの達人で、登山とスキューバダイビングの講師をし、ハーレーでアジアの半分を走破したこともある。

ひとりで。

私は自分自身かなりの冒険家だと思っていたが、コリーンに比べれば、びくびく群れる臆病な山羊座の一頭に過ぎない。彼女は三十年間めいっぱい冒険をしてきて、せいぜい膝のすり傷と、食あたりに何度かあったことがあるだけだった。それにもかかわらず電話をかけてきたのは、感謝祭の日の早朝ベッドから出たときに、ペットのミニチュアコリーの骨型ローハイドガムにつまずいたからだった。

そして、足を骨折したのだ。

皮肉に戸惑いながら、彼女は次のネパールでの登山をやむをえず中止した。

そして、三十年間、一度も〝立ち止まって〟いなかったことにも気づいた。彼女は何か月も前から旅について原稿を書こうとしていたが、時間をつくれないでいた。

彼女にとって、これは良い機会だった。


そういう話を聞くと、私はときどき楽観的な運命論者みたいな気分になる。ただ起こることになっているから、というだけで起こることがある。世の中のどんな予防策も、それをとめることはない。でも前向きなレンズを通して見れば、宿命的な出来事さえも、幸運だったといつかは思えるかもしれない。

八〇年代終わりにサンフランシスコの静かなアウター・リッチモンド地区に引っ越す前、私はミッション地区の中心で何年かを過ごした。素晴らしい音楽やメキシコ料理、そして生きる喜び全般において、当時あの場所に脈打つ鼓動が大好きだった。いつもブリトーを食べ、ダンス教室に通い、ドロレス公園でヨガをし、私は天国にいた。

それから病気になり、私の理性的で用心深い部分は、〝もっと安全な〟地域に引っ越すべきだと考えた。当時のミッション地区は犯罪の巣窟だった。個人的に危険な思いをしたことは一度もなかったが、郊外にいるほうが治りやすいかもしれないと私は考えた。

だが、何もわかっていなかった。

ある日、私が平和なペントハウスでお茶を飲んでいたとき、風を切るような大きな音が聞こえたかと思うと、ガラスが割れ、粉々に砕けた。

弾丸が私の頭上すぐの窓にあたり、それから背後の壁を打ち抜き、キッチンを通り抜け、バスルームまで到達していた。

砕け散ったシャワータイルのなかに、弾丸が見つかった。

警察が到着するまで、私は冷たいバスルームの床に座りこみ、黙って壁を見つめ、肋骨の内側から太鼓みたいに響く心臓の音を聞きながら、いったい何が起こったのかを理解しようとしていた。

警官の話では、二区画離れたところで、珍しくギャングの撃ち合いがあったということだった。統計的にサンフランシスコの最も安全な地域で、どういうわけか高性能ライフル銃の流れ弾が、建物最上階の私の隠れ家に飛んできたのだった。

「ふうっ、何もかも見てきたつもりだけど」警官のひとりが、頭を横に振りながら言った。

「あと一秒早く立ち上がってたら、今頃死んでたってわかってます?」

私はその弾丸でネックレスをつくりたかったが、彼女が笑顔で持っていった。

証拠として。

神の記録より二件

機が熱せば難なくやってくるものを探し求めて、鉄底の靴を履きつぶすこともある。
——中国の格言

世界は原子でできているのではない。物語でできているのだ。
——ミュリエル・ルーカイザー

かつての隣人であるエイミーが、差し迫って車の買い替えを必要としていた。彼女と夫のトッドは、ニューヨーク州の北部で厳しい冬を越しているところで、今の車が壊れそうだったのだ。ふたりはちょうどいい車を見つけられないでいたが、古いほうの修理に金を使うことにも抵抗していた。そうしてあちこち探しまわって何か月か過ぎ、疲れ果ててしまった。とうとうふたりは神の秩序を求めて祈り、完璧な車は正しいタイミングでやってくると断言し、ぽんこつ車の修理にしぶしぶと千五百ドルを投じた。

一週間後、珍しい緑色のフォレスターが近づいてきて信号でとまり、その瞬間、それがふたりの理想の車になった。運転していた女性にどこで買ったのかと訊ね、ふたりはその日の午後、遠く離れたそのディーラーに向かった。そしてディーラーまで一マイルのところで、ニューヨーク州のエンドウェル［訳註：終わりよし、という意味］に入ったとき、クスクスと笑いはじめた。ディーラーは、エイミー通りという道の端にあった。「いやはや」トッドが頭を横に振った。「こんなくだらない話、誰がでっちあげたりするもんか」

後になってわかったことだが、完璧な次の車を見つけるには、まずすべてをゆだねて古い車を修理しなくてはならかった。結果的に、両方の車が必要になったのだ。

さて、二十年前に私がエイミーのとなりに住んでいたときには、こんなことがあった。

私たちはニューヨーク州のキャッツキル山地のひなびた田舎道路沿いに、となりあって住んでいた。当時の私は、カラスの群れに取り囲まれるがごとく変化の只中にいて、恐ろしい時期を過ごしていた。狭い玄関ポーチに腰をおろし、自分の惨めさについて黙々と考えるのが大好きだった（このときはまだ、神の秩序という考えはしっかり定着していなかった。嘘じゃない、だんだん進んでいくものなのだ）。座ってくよくよ考えているとき、格子の柵を買ってツタと紫のブーゲンビリアを育てる様子を思い浮かべることがあった。そうやってイメージするだけで、心が軽くなった。でも私はエイミーに、一番近くの木材店に行くのに五十マイル運転することすら気後れする、と悲しげに言った。

神に助けを求めることは、ときどき思い出してはいた。折を見つけては、本当は感じられないくせに、あたかも存在するかのようなふりをして、大いなる力に向かって気持ち半分でぼそぼそ話しかけていた。「はい。私は完全に道を見失っています。私が独りぼっちじゃないというしるしを、何でもいいので今すぐ見せてください。お願いできますか？」

ある日、この静かな道路では聞いたことのないような轟音をたてて、大型トラックがすごい勢いで通り過ぎていった。次の瞬間、エイミーが太ももを叩きながら大笑いしているのが見えた。

「うわあ！　今のが何を落としていったか、あなた信じられないわよ！」彼女は大声で言い、トラックは角を曲がって見えなくなった。

必要だったのとぴったり同じサイズの大きな格子柵が落下して、道路脇に配達されていたのだった。

天の時計仕掛け

自分にはないカルマについて、感謝するように。
――作者不詳

先日、車で帰宅していると、私の小さな町では珍しいひどい交通渋滞に引っかかった。ラッシュアワーが終わる少し前に、パーク・ストリート・ブリッジが大型船を通すためにひらいたのだ。車の列はなかなか先に進まず、抜け道もなかった。周りの人々がどんどん苛立っていくのが見てとれた。

私はあきらめることにし、深呼吸をして自分の内に向かって、「私の人生は、神のタイミングで展開しています。すべての遅れが有益です。私はいつも、正しいタイミングで正しい場所にいます」と、言った。短気な子どもとして育った私だが、(火星と土星が射手座で重なっているのである)、これまで本当に、この言葉に人生を変えられてきた。

そんなわけで、私はレディ・ガガの曲を流し、日記を書き、気持ちを落ち着かせた。二十分ほどで、また車は進みだした。

家に帰りついたとき、その恵みを目にした。パトカーが四台と救急車が二台、道路でひしめきあっていた。二十分前、私の住む建物の前で車が酔っ払い運転でスリップし、七台が玉突き事故を起こしていたのだ。帰宅が遅れていなかったら、私もその炎の列に巻き込まれていたかもしれなかった。

友人のトムは、似たようなことが逆の形で起こったという話を聞かせてくれた。以前、愛するボーイフレンドをバッファローに住む家族に紹介しようと、家に連れて帰った。すべてまあまあうまく運び、やや根本主義者的な父親さえも、いつになく愛想がよくて優しかった。ところがふたりの出発予定日の前夜、父親がいきなり怒りだした。彼は、〝罪人〟は一秒たりとも家にいてはならない、と決断をくだした。ふたりは出ていくしかなかった。愛情深い母親は泣いて謝っていたが、トムとそのパートナーはいきりたって荷物を車に放りこみ、逃走中の一味のように猛スピードで町を出た。「あれは」トムは思い出に浸りながら言った。「ちょっとしたドキドキものの心理ドラマだった」

彼らは、文明のひらけた世界であるマンハッタンに戻るべく、夜通し運転することにした。宇宙のお手並みを拝見したのは、翌日の晩だった。いきなり異常な猛吹雪が発生して、二日前にバッファローを直撃していたのだ。ニュースでは、ニューヨーク高速道路の脇に放置された車の数々が、空っぽの死骸みたいになって、三フィートの積雪に埋もれている様子が映し出されていた。州兵が召集され、緊急避難所が設置された。

「もし父さんが狂乱状態にならなければ、とんでもないことになっていただろうね。吹雪の前線が、ちょうど僕らが運転していたはずのところにきていたから。宇宙が僕らを完璧なタイミングで追っ払ってくれたんだ」

障害や問題がどんな恵みをもたらすことになるのかは、わからないものだ。そして、そのおかげで、どんなもっとひどい悪夢に遭わずにすんだのかも。

Chapter Thirteen
CONTESTANTS MUST BE PRESENT TO WIN

第13章
コンテスト参加者は、勝つためにはこの場にいなくてはならない

旅では足りないとき

今ここにいなさい。後で別の場所にいなさい。それがそんなに難しいことですか？

――ユダヤの禅の格言

ペンシルバニアでの子ども時代に、私は小さな額入り写真を寝室に置いていた。女の人の手がスーツケースを握っている写真で、「彼女はしばしば、どこかほかの場所にいたいという欲望に駆られていた」という一文が入っていた。

何年ものあいだ、私は旅行熱に駆られていた。射手座に三つの星が入っている身ならではかもしれない。そして何を隠そう、旅をしているときのほうが家にいるときより心安らぐ。子どもとかポルシェとかを持つことを夢見る人がいるが、私の場合、それは異国の航空チケットや、いろいろなビザでいっぱいのパスポートだった。

けれども、ここにいたるまでにあることが起こった。私が計画する旅は、先手を打たれるかのごとくよく阻止されていたことに気づいたのだ。あるときのこと、パートナーと私は、インドとバリ島とタイを三か月かけて巡る旅を予約した。執拗なほど入念に完璧な家を建てる人みたいに、私は何年もかけて頭のなかでそのイメージを組み立てていた。ところが、チケットを買う直前に障害が発生したのだ。それは滑稽なほど強烈で、私たちは笑うしかなかった――そして、旅をキャンセルするしかなかった。

あるとき腕のいい占星術師に、私は幾度もの過去生で放浪者のように地球をさまよっていた、と言われた。彼女はさらに、「ねえ、あなたはすでにすべてを見ているんですよ。走りつづける人生なんて何回送れるかしら？」と言った。今回の人生では、私は自分の内に向かっていき、まさに今いる場所で、あるがままの人生に、身をゆだねることを学ぶということだった。ただじっとして、そのすべてを祝福し、享受することを学ぶのだ。逃げずに、どこまでも。

彼女の言うことが正しいのは、わかっていた。

〜〜〜

ミッション地区の寿司バーにいたときのことを思い出す。誰に人生の交差点に連れていかれるか、そんなことはけっしてわからないものだ。私が巻き寿司を食べていると、別のテーブルにいたデンマークから来たという男性に向かって、ひとりの女が話しかけた。彼女は大声で旅行談を語りだした。

「ああ、そうだ。私たち、この前の秋に北イタリアに行ったんですよ。あそこは欠かせない、絶対。その前はベルギーとプラハとベルリンに行って、あと、そう、もちろんプロバンスとパリ。ていうか、パリにはかならず行きます」彼女は箸を上に突き出して強調した。「だって、行かないなんてありえませんよ。選択するまでもないでしょう？　パリに行かないなら死んだほうがまし」その考えに自分で顔をしかめ、さらに続けた。「それからヘルシンキとストックホルム、あそこはどんどんよくなっていますよね？　成績をつけるなら確実に中《ちゅう》の上《じょう》ね……あ、そうだ、バルセロナのタパスは……」

若いデンマーク人は礼儀正しく耳を傾けようとしていたが、視線は遠くを眺めていた。その女は、話しつづけた。

ひたすら。

延々と。

〰

聞けば聞くほど、私は疲れてきた。ある種、そこに存在していることへの底なしの疲労感だった。彼女の話のすべてがとことんくだらなくて、私は《ウィー・ビー寿司店》のその席で味噌汁に顔をうずめ、溺死してしまいそうな気分だった。世界中の蜃気楼を追い求めるこの女の執拗さに、すっかり、完全に、疲れきっていた。

立ち上がって席を離れるとき、私は頭のなかで彼女に礼を言った。

支払いを済ませ、バレンシア通りの喧騒のなかに出た。行くべき場所もなく、見るべきものもなく、めまいがしていた。

ギターを持ったマリアッチ［訳註：メキシコの街頭音楽バンド］が何人か、笑ってスペイン語でジョークを飛ばしながら、《ラ・ロンダラ》レストランに入っていった。

ブロンドの素敵な青年ふたりがカフェで座って、手をとりあってエスプレッソを飲んでいた。

首に赤いホルターをつけた、紫色のスパイキーヘアの女の人が通り過ぎていった。ヨガマットを脇に挟み、もういっぽうの腕にミニチュアプードルを抱いて、ヨガをしにいくところだった。

その背中いっぱいに立派な青鷺《あおさぎ》のタトゥーが入っていて、ギザギザの翼が大きく広がり、今にも飛び立っていきそうだった。

車の往来のなかでの禅

他者を制するのは強さだ。みずからを制するのは真のパワーだ。

——老子

先日クライアントのティィナが、何か月も前から計画していたスピリチュアルな合宿に、数々の出来事のせいで行けそうにないとぼやいた。私は三十分同情してから、とうとう言った。「ねえ、今は必要ですらないのかもしれないわ。どのみち、宇宙がそれを阻止しているんだし」

「それに、聞いて」私は選ばれたタロットカードを振って言った。「戦車とワンドの8よ。これはあなたの乗り物のこと。運転中はそれに集中したらどう？　わかると思うけど、スピリチュアル的に必要なことは、まさに自分の車のなかで学べるの」

彼女は、私のことを完全なバカだと言った。

「かもね」私は含み笑いをした。「でもだったら、いったいどうして電話をかけてくるの?」とはいえ、冗談で言ったことではないのだ。車の運転による禅の境地は、あらゆる美質を育みうる。

充分にあるという信頼。カラスみたいに飛びこんできて駐車スペースを誰かから奪おうとする人を見ると、ちゃんと自分用の場所が別にあると信じていないのだろうと、私はしばしば思う。でも実際は、流れに乗って動いていれば心配する必要はない。誰かに場所をぶんどられても、「いいわ、彼らはここが必要なのね。私に必要なものも、いつも見つかる」と思えばいい。別の場所はいつも決まってやってくる。

寛大さ。自分以外の全員が障害物であるかのように、運転をする人がいる。しかし車の運転は、親切でいやすい作業だ。割り込みをさせてあげる時間の余裕はいつもあるし、道を譲る時間すらある。それに大概は、その親切が恩送りとなって次につながっていく。

現状を受け入れる。ときに、降参するしかないこともある。しかしそれを忘れて運転を楽しめるよう祈れば、何かが起こる。普通は、現実との闘いは交通状態そのものより悪い。

豊かさ。これは、友人のシンシアが教えてくれたことだ。私は以前、目的地の何区画か手前でも、空きスペースが目に入るとすぐ駐車していた。彼女は笑いながらこう叱ったものだ。「だめ、だめ、だめ！　せめて最初は通り過ぎて、完璧な場所が待ちかまえていないか確認しなきゃ。どうして、ないって決めてかかるの？」

慈悲。アラバマ出身の友人であるチャイが運転する車に乗るのは、とても楽しい。誰かが行く手を遮ってこっちに中指を立てたとき、彼女は南部特有のゆっくりとした口調でこう言った。「おや、あのかわいそうなガキは、小さいときに愛情を充分もらわなかったんだねえ！　あかちゃんのときに、一度も母乳をもらってないのかなあ。だから後になって、こんなバカなことするんだねえ」

彼女は本気で言っていた。

平静さ。ハンドルに向かったときに、呼吸をして穏やかでいられるということは、大きな功績だ。三角倒立を一時間するあいだに、サンスクリット語のお経を二百個唱え、おまけにつま先でサラダをかきまぜてしまうような人でも、打ち負かされてしまうことがあるのだ——車には。

車の往来のなかでの禅の追記――ちょっと、私の車はどこよ？

今日のカルマがたったこれだけなんて、どれだけラッキーが考えてごらん。
――作者不詳

二〇〇九年八月二十日、獅子座の新月。

午前十時四十四分。examiner.com に、『車の往来のなかでの禅』というコラムを投稿。盛りあがりポイントもいくつか入れる。

午後二時四十五分。サンフランシスコの華麗なる共同組合食料品店《レインボウ》に、車で買い物にいく。

午後二時五十五分。店の外の、「午後三時まで駐車禁止」と表示された商業車用のスペースに、プリウスをとめる。あとたったの五分だからまず安全だと考える。

午後三時二分。《レインボウ》の店員が大音量のスピーカーで、「青いプリウスがレッカー移動されています」と放送するのが聞こえる。外に走り出て、私の車がフォルサム通りを引きずられていくのを見る。唖然として、どうすればあんなに短時間でトラックが現れてチェーンをつけられるのかと考える。

午後三時三十分。十二区画分を走り抜け、ブライアント通りと七番通りの角にあるレッカー移動車置き場へ行き、同じ〝おとり捜査〟で車を持っていかれた人々の列に加わる。職員が、市の戦略が最近変わったと打ち明ける。サンフランシスコは赤字なので、必死に歳入を増やそうとしている。そのため、以前は五分や十分前なら駐車できたが、今は交通警官とレッカー車が特定のスポットで獲物を待ちかまえているという。

午後四時十五分。ハイジャックされたプリウスを返還してもらうため、三百七十三ドルを払う（別途、百二十五ドルの違反チケットが郵送される）。

午後四時四十五分。買い物を終えるため、車で《レインボウ》に戻る。お客様カウンターのところに置いておいた食料品いっぱいのカートが空にされて、ほかの誰かに使われているのを発見する。『恋はデジャ・ブ』〔訳註：閉じた時間のなかに取り残され、同じ日を何度も繰り返すことになった男の話〕のビル・マーレイみたいな変な気分で、再びカートにひとつひとつ物を入れていく。

それなのに、私の一部は笑い転げている。

もちろん、あのお金は別のことに使うほうが断然よかった。でも、これは愛すべきことだ。もし自分の書いたことを間接的にでも生きることができるのなら、なんというお試しだろう。ともあれ今日の新月は獅子座の二十七度で、私の冥王星と木星に重なり、私の月と金星とオポジションの角度をとり、そして火星と土星にスクエアの角度をとっている。

何かが起こってもしかたなかった。

それに、私が何を見落としているかもわからない。深刻な交通事故の代わりに、べらぼうに高いレッカー移動のサプライズですんだのかもしれないのだ。

物事なんて、わからないものなのだから。

コンテスト参加者は、勝つためにはこの場にいなくてはならない

もしあなたが体のなかにいたら、今頃はもう家なのにね。
――バークレイのバンパー・ステッカー

ある日、私は真剣に今現在にいようという気になった。ある日の午後、物思いにふけりながらベイ・ブリッジを渡ろうとすると、気づいたときには料金所の人に空想から引っ張り出され、厳しく問いつめられていたのだ。「あのね、こんなくだらない物でいったい何をしろっていうの？　こんなので渡れる橋なんかどこにもないわよ！」

私は、彼女に車庫のドアオープナーを渡していたことに気づいた。一時間含み笑いをしていたが、自分に問題があるのはわかっていた。

そんなわけで、今は日中たびたび立ち止まって、「私はどこにいますか？　今、私は何をしていますか？　何を思っていましたか？」と、自分に問いかける。

そして何より、「私は息をしていますか?」と訊く。

それに毎朝、健やかで丈夫な木のように、地球の内部につながるだけでも役に立っている。根が地球の中心まで長く伸びていき、外の乱気流に関係なく揺るぎない状態になるのをイメージするのだ。運転の前には、注意を切らさないために、車の床を突き破って根をおろす。

それでもなお、もっと地に足のついた状態でいるのは現在進行中の現実的作業だ。人によっては確実に、とくにクリエイティブ系の人は、〝別の〟現実で迷子になりやすい。それにスピリチュアルなコミュニティは、ヨガ教室さえもだが、粗い現実を避けて至福にハイになることに憧れる人だらけのことがある。

でももし、そのどちらも同じことだったら? 偽りの二分法。神はじつは細部にいる。取り散らかった、現世的なことの細部に潜んでいるのだ。

〜〜〜

以前住んでいたアパートに、地元の寺院でカリスマ的な、別世界の住人のような女性が住んでいた。彼女は素晴らしい歌声を持っていて、誰かれ家に招待して経を唱えたり、瞑想をしたりしていた。世界中の霊的指導者に多くついていていて、大胆なことを見通しては人々に伝えるのが大好きだった。アパートのほとんどの住人は、彼女のことをとても愛らしく、かつ、まったく腹ただしい人だと思っていた。

おわかりかと思うが、彼女は現実を、霊性の探求にとってうっとうしい邪魔なものとして扱っているようだった。まだ湿っている他人の洗濯物を自分の都合で乾燥機から出して、それで天上の洞察をあれこれ得たところで何の役に立つというのか。宇宙の集荷とかなんとか言ってゴミをあちこちに散らして、それで経を唱えて何の役に立つというのか。人に話しかけられているのに、ふらふら立ち去ることもよくあった。

彼女は引っ越していく日の夜、アパートの車庫の灯りに使っていた電球の連なるコードを、なぜか引っ越しトラックに巻きつけた。いよいよ出発時間になるとトラックを驀進《ばくしん》させ、電源タップを丸ごと壁から引き抜いて、けたたましい音をたてながら道路に引きずっていった。残された私たちの車は真っ暗闇に放りこまれ、隣人と私は困惑してそれを眺めていた。損壊の修理には数週間かかった。

後になって何人かが思い出したのだが、サンスクリット語でつけた彼女の名前は、〝神の光を運ぶ人〟という意味だった。

神さまと旅に出る

そして私は第三の道、隠れた道を示しましょう。
——作者不詳

私が神の秩序の熱狂的ファンになったのには、もっともな理由がある。知的だと思われがちな私だが、とめどなく出てくる人生の問題や決断にいつも途方に暮れ、身がすくむ思いをしていた。

最近になって、自分の人格上の限界によって宇宙の助けへの依存を余儀なくされたことを、ラッキーだったと思っている。もし私が有能なスーパーウーマンとして生まれていたら、きっとこの一切が必要なかっただろう。しかし神の流れに乗って動けるようになると、私の現実はすっかり変わった。かつてはストレスと疲労の道のりでしかなかったものが、比較的楽か、あるいは少なくとも対処可能なものになったのだ。

たとえば、旅に出るときはいつも、道をひらくために神の秩序の助けを求めて祈る。言ってみれば、これは宇宙の先発隊を持っておくようなものだ。出発に先立って、旅のすべてが光とエネルギーに包まれるのをイメージし、こう言う。

「この旅のすべてが調和した形で展開するようにしてください。神の秩序にすべての詳細を手配させ、それを私に示してください。正しい飛行機の乗り継ぎ、宿泊先、そしてそのほかすべてがすでに選ばれていて、私は楽にそこに導かれます。方向の目印が現れたら、それに従います」

私はこれを使って、すでに満席だった飛行機で席を用意してもらったり、安いレンタカーを見つけたり、混みあうセキュリティー・ゲートをするりと通り抜けたり、それにしばしば、明らかにばかげた状況で楽しいくつろぎの時間を持てるようにしてきた。

すべての扉が魔法みたいにひらくわけではない（とはいえ、ときにそういうこともある）。でも、その道が楽になるか、せめて耐えうるくらいにはなる。これはもしかすると、エーテル層のＷＤ－40〔訳註：防錆潤滑剤〕だと考えるといいかもしれない。エゴの奮闘に頼るよりむしろ、あふれんばかりの加護と一緒に進んでいく。するとまるで、聖なる馬車に乗って目的地に向かうような感じになる。正しい機会が正しいタイミングで示される。そして、自分ではどうしようもない状況のなかでも、別の道が示されるまでリラックスしていられるのだ。

〜〜〜

GPSシステムやiPhoneが普及する前の話だが、あるとき私がロサンゼルスに向かっていると、銃を持った男がハイウェイ5の全車線を封鎖した。私は目的地から三十マイル離れたグレンデールの外で、大量の車が氷河のように頑丈な塊となったなか、身動きがとれないでいた。一時間後、人々は正気を失いはじめた。となりのトラックでは、太ったはげ頭の男が自分の車の天井を、鉄床《かなとこ》みたいな物で激しく叩きはじめた。まるで映画『ブレードランナー』の続きにでも入りこんだような感じだった。

私は神の秩序を呼び入れ、一時間かけて少しずつ出口に辿りついた。ガソリンスタンドに車を入れながら、まだ祈りつづけていた。

それから私は、となりの給油機にいた不思議なくらい陽気な若い女性とおしゃべりを始めた。すると、彼女もロングビーチに向かっている途中だということがわかった。彼女は自慢げに、地元の人間なので、フリーウェイを使わない近道を知っていると言った。

それから二時間、私はそのとび色のポニーテール頭のデヴィが乗るRX−7の後を走り、道を右に左に何百回も曲がりながらついていった。美味しいタコス店のところでは、彼女は手を振って合図もしてくれた。

そして私のホテルまで半マイルの地点で、彼女はライトを点滅させて別れを告げた。

私は声に出さずに、完璧なガイドをしてくれたことに心から礼を言った。

Chapter Fourteen
THE HIGHER OCTAVE

第14章
もっと上のオクターブ

あなたの素敵なチャートを丸ごと受け入れる

自分自身の木目を辿りなさい。

——ハワード・サーマン

カリフォルニア州オーハイのカフェで食事をしていると、ポンチョと麦わら帽子といういでたちの男が近寄ってきて、私の天使から重要な伝言があると言った。オーハイはやはりオーハイで（ニューエイジとか、奇抜なものとか、ときどき狂気に見えるものも含め、そういうこと全般の中心）、これはいたって自然なことに思えた。

そこで私は、彼に座るようすすめた。

メッセージは短かった。彼は目を閉じ、まるでスタッカート専門ラジオ放送から電波を受信しているかのように話しはじめた。「あなた。普通じゃない。半分、半分。全部。内向き、外向き。東、西。脳、心。若い、老い。女、男。全部。忘れないで」

そして、彼はブリトーを買いにいった。

間違いなく、彼は半分もわかっていなかった。私は何年もかけて生来の矛盾を解消しようとし、ようやくある日、人はそれを享受するために生まれてくるのだと気づいた。私の水瓶座と射手座に入っている数々の星は、パーティの花的存在だが、強い海王星は家で隠れていたがる。太陽星座の山羊座はせっせと働き、でもアセンダントの天秤座が欲しいのは温かい湯船だけ。などなど。

私は、そういったぶつかりあう部分が、思いのままに声をあげられるようにするしかなかった。人をひとつの〝タイプ〟と見なすオンライン診断など、まったく現実味がなかった。私の読みにくい筆跡がそのときどきで違うように、気分や時間帯によって答えは変化するものなのだ。

そんなわけで私は、矛盾に咲き乱れるクライアントを引き寄せる傾向がある。たとえば、ロサンゼルスにいる快活な射手座のリーだ。彼女は山のように火の要素を持っているが、最近まで月星座の蠍座が主導権をとっていた。おかげで、かわいそうな彼女の火の星座は楽しいことや冒険を思い焦がれて息が詰まり、心のなかではお決まりの疾風《しっぷう》怒濤《どとう》が吹き荒れていた。でも今、彼女は射手座らしさを手にして若返り、若い頃に抑えこんでいたのびやかな精神を生きつつある。

ほかにも、最近ドイツからかかってきた電話がそうだ。彼女は地に足のついた牡牛座に星が束になって入っているいっぽうで、牡羊座の月が反逆の天王星の横にあった。そこで、型破りな月星座の願望を抑えて用心深い生き方をしているのではないか、と私がほのめかすと、彼女は大声で力いっぱい同意した。

ある知人は責任感の強い乙女座で、現実的な土星が太陽に重なっていて、父親を喜ばせるために法科大学院を卒業した。ところが実務に就いて六か月もしないうちに、潰瘍を患ってしまった。彼の天秤座に並んだ星々は、芸術や美を求めて泣き叫んでいて、結局、彼はニューヨークでブティックを開店した。彼はこう白状した。「疑うまでもなく、僕は世界一ひどい弁護士だった。証人尋問の最中に、みんなをイメージチェンジすることを夢見ていたんだからね。あんなに流行から遠のいている人たちと一緒にいたことはなかったよ。まるでブルックスブラザーズ地獄の特別階で働いているみたいだった」

ときどき、チャート上のさまざまな星が、パーティの客のように思えることがある。混じりあう部分もあれば、ぶつかる部分もある。

コツは、仲間に入っていて心地よいと全員に感じさせてやることだ。

ひとりがその場を乗っ取ったり、パンチを飲み干したりすることのないよう、そこだけは気をつけるように。

あなたは冥王星的ですか？

神が真の動作主であって自分自身に何かを起こす力はないと知っている人は、この肉体のなかにいても、真に自由である。
――ラーマクリシュナ

彼女はベティ・デイヴィスの目をしている。
――キム・カーンズ

十九歳のとき、幸運にもある占星術師のところに連れていかれ、しびれる体験をした。私は戸惑いと自己不信いっぱいで彼女のもとを訪れ、帰るときには自分の潜在能力の星図を持っていた。誰かに占ってもらったのは、それが初めてだった。

私のチャートにタイトな角度が多いのを見て、とりわけ土星と冥王星へのそれを見て、彼女が〝縛りがきつい〟転生だと言ったのを覚えている。

「あなたのホロスコープは、回転が速いんですよ」彼女は短いグレーの髪をかきあげ、私を優しく見つめながら説明した。「行動の結果を別の転生に先延ばす人もいます。彼らは休みが必要なんですね。だけどあなたの場合は、すぐにキックバックがやってきます。良くも悪くもね。自分でこれを望んだということを忘れないでくださいね」そう言って、平然と笑った。「あなたはカルマのその時払い方式に登録しているんですよ」

まさかと思うかもしれないが、私はホッとしていた。そのときようやく、なぜいつも変なことが起こるのかがわかったからだ。たとえば、寮の前に停車していた黒いピカピカのBMWに、軽くぶつかったときのことだ。私は、「あっ、でも持ち主はとてもお金持ちだから、問題ないわ」と考えた。

翌朝、私の部屋の窓が割られていて、ステレオが盗まれていた。

そういうことだ。

〜〜〜

さて、あなたが冥王星的かどうかは、どうわかるのだろうか。

まず、今の話が自分のことのように感じられるかどうか、というのが一点。

または、冥王星の支配する蠍座が、太陽星座か月星座、あるいはアセンダントかどうか。

または、冥王星がそういうポイントに強い角度を形成しているかどうか。あるいは、蠍座の部屋である第八室に星がたくさん入っているかどうか。

だから、あなたが魚座や双子座でも、冥王星が地平線上にあるとか、太陽にスクエアの角度をとっているとかいう理由だけで、蠍座みたいにふるまう可能性がある。

占星術について何も知らなくても、もしこれまで、「どうしてそんなに激しいの？」とか、「そんなにとりつかれたみたいに夢中にならないといけないの？」とか、「いつもそんなにマニアックなの？」とか訊かれたことがあるなら、おそらくこのタイプと言っていい。

幸い冥王星的な人同士は普通、お互いのことを、深みと変容を粘り強く求めていると見る。また、もしあなたが中立をとらない人なら、冥王星的と言えるかもしれない。人に嫌われるか好かれるかのどちらかだ。

あるいは、何であれ奥底まで見通してしまう、X線みたいな目を持っているかどうか。または、何らかの感覚フリークかどうか。死と再生の星、そして女神カーリーとドゥルガーに支配されているので、冥王星的な人は、霊的、性的、知的、創造的、あるいは想像しうる何らかの形で超越を求めることがよくある。

低い道を進むと、権力闘争や操作、そして憤怒にまみれることがある。しかしその道を捨てると、より高い道が選択肢として現れる。

最も高い道を進めば、悟りを得て、真の自分に目覚め、小我への執着をすべて燃やし去るドライブができる。冥王星は、人がエゴの鳥かごから自由に羽ばたけるよう助けてくれるのだ。

さて、これが自分のことのように感じられますか？

あなたは冥王星的ですか？

きっと自分でわかるはずだ。

もっと上のオクターブ

知らないものを吹き鳴らすことはできない。

――ルイ・アームストロング

今この瞬間に起こらんとすることに、私は何であれ応じることができます。それが想像を凌ぐことであってもです。

――P・ロウ

先日、十代の友だちが、今抱えている問題のすべてがいかに星座に由来しているかを話していた。

「あなたは占星術師だから」彼女は言った。「蠍座の人がどれだけ嫉妬深いかを知ってるでしょ？　私たちは支配欲が強くて、執念深くて、残酷。そういうものなの。欲しいものはとにかく欲しい」

「まあ驚いた」私は笑いながら、彼女の肩を抱いた。「どんなひどい占星術の本を読んできたの？　それって、自分の星座の最悪なところを言ってるだけよ。《ウォルマート》の安売りコーナーにあるような冥王星の売れ残りグッズみたい。蠍座にはもっと上のオクターブもあるのよ」

さらに言うと、蠍座には三つの姿がある。最も低いのが、彼女の言った針を持つ蠍。しかしそれが進化して浄化されると、明晰さや先見の明、そして勇気を与える鷲《ワシ》のエネルギーが現れる。

そしてやがて、再生力を持つ魔法の鳥、不死鳥《フェニックス》が灰のなかから現れる。太陽に向かって楽しく元気に空高く舞い上がっていける不死鳥は、怒りや復讐にかまけて時間を無駄にしたりはしない。

人生の与えられた時間のなかで、蠍座の皆が持つ莫大なパワーの蓄積は、そういう高潔な姿に達するために使うこともできるし、あるいは、報復や復讐のために無駄使いすることもできる。

すべての星座が、高い波動と低い波動を持っている。そしてチャートのなかには、本質的に悪いものなど何ひとつない。すべてが光と恩寵を秘めているのだ。

じつを言えば、私のチャートには、Tスクエアが十六個ある。古典的な占星術なら、〝信じがたいほど凶運〟と言われるチャートだ。けれど、以前ある占い師にこう言われた。「あなたの潜在性を賢く使うように。このたくさんのスクエアは、山ほどエネルギーをもたらします。あなたは本当に人に役立つようになるか、ちっぽけな変人になるかのどちらかです」

あるいは、その両方。

ある意味、私たちの誰もが、自分の魂の曲を奏でるためにここにいる。だからもしあなたの曲がジャズみたいなら、ジャズであればいい。尺八なら、尺八であればいい。ヘビメタのブラック・サバスなら、ああもうなんでもいい、そもそもあなたはこの本をどうやって見つけたのか？　ときどき思うのだが、人生の与えられた時間のなかで、私たちは自分独自の性質を持った、まさに自分とそっくりの音楽に引き寄せられる。

占星術は、奇跡のレンズでひとりひとりの神なる完璧さを見せてくれる。すると、この文化に備わった競争や比較に関するばかげた固定観念がはがれ落ちる。自分をほかの誰かと比べる必要はないのだ。

それどころか、そんなことを考えただけでぞっとするかもしれない。

自分自身のカルマだけでたっぷりあるのだから。

宇宙みたいなオーケストラ

あなたのなかにあるものを呼び起こせば、それに救われます。あなたのなかにあるものを呼び起こさなければ、それに破壊されます。

——聖トマスによる福音書

あなた自身に受けとる気がないなら、誰もそれを与えることはできません。

——作者不詳

占星術は、それぞれの魂が持つ特別な資質と美を示してくれる。太陽星座だけで表せる人などひとりもいない。月星座とアセンダントも太陽星座と同じくらい重要で、ほとんどの人はさまざまな要素が複雑にからみあってできている。

自分の〝星座〟の性格について書いた一般的な占星術の本をひらいてみても、全然ピンとこないことがあるのはそういう理由だ。私は山羊座かもしれないが、月と水星と金星が偶像破壊の水瓶座に入っている。だが、そんなふうにふるまうことはあまりない。まじめで暗く、野心家の山羊座を描写したものを読むと、いつも笑ってしまう。そのいっぽうで、友人のエドは土星タイプの固定概念によくあてはまるが、それに対立する星座がないのだ。

それと、私はチャートが性別の域を超えて機能するのも大好きだ。男と女のあるべき姿について、今もさまざまな文化的ナンセンスがある。けれど占星術には、そんなことは関係ない。性別も性的特徴すらも関係なく、自分のチャートに応じた男性性と女性性を、誰もがあわせ持っている。

私の弟は蟹座の亥年生まれで、家庭的な一面が強い。奥さんにとって喜ばしいことに、仕事を離れると、料理や掃除、子育てをとても楽しんでいる。それがどういう感じなのか、私にはほとんど想像できない。

〜〜〜

テレサという常連のクライアントと話をした。彼女は真の戦う女王だ。地平線上の牡羊座きっかりの火星に加え、月星座も牡羊座で、生粋の陽のパワーの持ち主だ。体の曲線美やマスカラの下に隠れた鋼《はがね》のような気質が交際相手に見つかって、〝虚偽広告〟と訴えられたことも数知れない。彼女は、『ベスト・パートナーになるために――男と女が知っておくべき「分かち愛」のルール　男は火星から、女は金星からやってきた』（三笠書房）のようなシンプルな自己啓発本を読んで、無益にも穏やかで女性らしくあろうとしていた。

私は言った。「聞いて。どんなチャートにもぴったりな相手はいる。メス虎を探し求めている人とつきあうことよ。信じて、絶対いるから。約束する」

とうとう彼女は、自分の性質を抑えるのをやめると決めた。

私はとてもホッとした。だって、そもそもメスかオスか以前に、虎がうさちゃんみたいにふるまおうとするだろうか？

彼女は今、同じく牡羊座の要素をたくさん持った牡牛座の男性とつきあっている。きみのように立派で強い相手に出会えるなんて宝くじに当たるようなものだ、と言われたそうだ。

自分のチャートの力を認めたとたん、彼女はそれを最高にありがたく思う人を引き寄せたのだった。

Chapter Fifteen

BE WHO YOU ARE, REALLY

第15章

本当に、自分らしく

どうしてわざわざ競争するの？

私たち皆が勝者なのよ。
——クリスタル・バウワーソックス

一番になりたいと思ったことはない。ただ最高の自分でいたかっただけ。
——リリー・トムリン

変だ。水星の逆行のせいかもしれない。今週はずっと、三人からのメールで受信ボックスがいっぱいだった。彼らはどこかのイカレたインターネット上のコンテストで、友だちを〝今年の最優秀スピリチュアル作家〟にしたいから力を貸してくれ、としつこくせがんできた。

この考えにはおかしな点が多いと返事はしたものの、私は何から話せばいいのやらよくわからなかった。

だって、スピリチュアルな本のコンテスト？　世界ヨガ大会とかで、人がぎゅうぎゅうになって、一斉逆立ちをしたり片鼻呼吸を一時間したりするみたいに？

言語矛盾とはこのことだ。

オークランドの《モンキー・ヨガ》で、ある元日に友人がイベントをしたときのことを思い出す。一番長く後屈のポーズをした人が、猿のぬいぐるみか、使い古しのタオルか何かをもらった。でもあれは、おふざけだった。

そんなわけで、このメールをもらったときに思ったのは、「いいわ、欠乏や競争がとことん大事に守られている文化のなかで生きてるのはわかってる」ということだった。でも、正真正銘のスピリチュアルな本なら、それよりちょっと高いところを目指すのではないだろうか。

つまり、そうでないなら、世界を滅亡寸前まで追いこんだのと同じ食うか食われるかの枠組みに、なぜ閉じこめられなければいけないのか。

それに、なぜわざわざ最優秀を選ぶ必要があるのだろう。あなただったら、『バガヴァッド・ギーター』と聖書に張りあってもらう必要がある？　あるいは、『ラーマーヤナ』とコーランとか？

ここで答えは出るだろう。

つまるところ、人生とは勝者と敗者のいる一大決戦だというこの考え方は、ひどく窮屈だ。神を源とするなら、誰かの利益があなたの利益を奪うことは、絶対にない。いくらか集中して注意を向ければ、いつでもどこでも神の流れを活用できるし、起こることになっているのなら、それはやがてやってくる。それにもし特定の純粋な波動で本を書いたのなら、それを必要とする人は皆、何かしらの方法でそれを見つけることになる。競いあう必要はないのだ。それはそうと、ひとりの成功が、ほかの人の成功を助けることもあるのではないか？ないわけがない。

拒絶を却下する

拒絶することはできません。皆さんのチャートは互いに適合するかしないか、カルマがあるかないかです。

——私の最初の占星術の先生、マーリーン

人々からの承認を気にすれば、彼らの囚人となるだろう。

——老子

私は、占星術チャートはそれぞれひとつの楽曲だと思っている。うまくかみあう者同士は、互いに補完しあう波動《バイブ》を持っている。互いの魂のなかで、調和のとれた歌が響いているのだ。ひとたびそのことを知れば、二度と拒絶を信じる必要はない。誰もあなたを拒絶したり、〝捨てたり〟できないのだ。あなたにマッチする人々が、何かしらの方法でやってくる。マッチしない人は離れていく。

私自身のチャートは、はちゃめちゃな天王星タイプの集う一角に位置しているように思う。

そこは、ファンクのなかのファンクが、モーツァルトやロックンロール、それにヒップホップ調のヒンズー教のバジャン［訳註：宗教的献身を誓う賛歌］みたいなのとつながる場所だ。逆説や反駁を愛する人々が、しばしば私のことを見つけ出す——それ以外の人はただ走り去る。

最近サンフランシスコ大学で教職に就いた友人のダイアンから、連絡があった。彼女は最初の評価を受けとり、動揺していた。四十個のコメントは称賛の内容だったが、ひとつがとても辛辣だったので、彼女はもう二度と教鞭はとらないと誓った。その人のコメントによれば、彼女の講義はおそらく〝生涯で唯一最大の時間の無駄〟だったということだった。

「すごい」私は笑った。「あなた、彼の演劇センスに敬服しなくちゃ。あなたは中学校の授業よりいけてなかったの？　クリントンの弾劾裁判を見るより悪かったってこと？『スパイダーマン3』よりもひどかったの？」

「そもそも、あなたの講義は彼にとって本当に時間の無駄だったのかしら？　ひょっとしたら、この哀れな人を満足させるものは何もないのかも。それにもし、彼とあなたのチャートにスクエアが二十個あるとしたら？　だとしたら、彼は教室に入るなり一目であなたを嫌ったのかもしれない。ありえない話じゃないわ」

「そのうえ」私は続けた。「もし全員があなたのことを大好きだとしたら、あなた、ものすごく無難に生きてるってことよ。偽りがないなら、少なくとも二、三人はムッとさせる。ちょっとした批判は、とても良いしるしの場合があるのよ」

私はマアムじゃない

ベイビー、私はこんなふうに生まれついたの。
——レディ・ガガ

ほかの誰かとして失格だからといって死にはしない。むしろ、自分らしくあることに成功したい。
——マーガレット・チョー

先日ヘイト通りをそぞろ歩きをしていると、二十歳くらいのブロンドの長いドレッドヘアの男が、《グリーンピース》の募金を求めて近づいてきた。

「ご婦人《マアム》……」彼はそう挑んできて、「クジラを助けませんか?」と言った。私は厳しく、「いいえ」と言い放ち、通り過ぎた。

その後、悪かったと思って戻ることにした。

「聞いて」私はできるだけ温かく言った。「もっとお金を集めたかったら、別のあいさつにしたら? あんな呼び方をしたら、この辺の女性からはびた一文もらえないわよ」

「へええ」彼は興味深そうに言った。「悪気はなかったです。でもたしかにそうですね。募金するのは男性ばかりだった」それから、はにかんだように笑った。「それに、次にそう言ったらただじゃおかない、って言った女性がたしかにいました」

「え？」私は笑った。「それで、まだ言ってるの？」

「だって、〝年輩〟の女性をほかにどう呼んだらいいのかわからなくて。わかりますか？」

「そうね、『ミス』なら万能でいいわ。『ヘイ』って声をかけるのもけっこういい」そう言って、私は笑顔でいくらか札を渡した。


〜〜〜

しばらくのあいだ、私はこのマアムという言葉について頭をひねっていた。若く見られたい、という願望はばかばかしくて持っていないが、ただ、自分らしく見えるようにはしたいと思っている。四十をゆうに超える年齢だが、ある種の自分なりの美学はいつも持ってきた。ちょっとロックで、いくらかパンクで、少しアジア風フェミニンで妖しい魅力。それが変わることはないと思う。水瓶座に四つの星が入っている私は、三十年前に西海岸に逃げてきたときと同じ、今もボヘミアンな芸術家タイプだ。

頭はヘナ染めのスパイキーヘアで、普段の格好は細身のジーンズとTシャツ、それにシルバーのアクセサリー。ハードなヨガを習慣にしているので、精神修行としてフィルターなしのキャメルを吸ってマルガリータを飲み干していた二十五歳の頃に比べ、（部分的に）体の調子もいい。

それなのに、私のどこが、〝マアム〟なの？

ゲイ、ストレート、バイセクシャル、どんなタイプであれ、世の中には私のような女性がわんさかいる。知りあいは皆、この堅苦しい言葉を嫌っている。ひょっとするとこれは、女は牛乳みたいに賞味期限がきれるという狂気かもしれない。

あるいは、言葉による性差別かもしれない。男性には〝サー〟という全員を網羅する言葉があるのに、女性は年齢を基準にされている。〝ミス〟が適用されるのはどこか漠然とした分岐点までで、その後は、〝マアム〟という言葉の古物置き場に投げこまれる。

奇妙なことに、アメリカを離れると、年輩や若い女性用のさまざまな敬称が気にならない。インドでは、マダムというのが優雅で素敵だと思った。フランス語だと、官能的な言葉のメッセージに聞こえる。メキシコに行ってセニョーラと呼ばれるのは大歓迎だ。

では、〝マアム〟の何が問題なんだろう？　音が、スパムとかダーム〔訳註：罵りの言葉〕とかマンモグラムに似ているから？　入れ歯や大活字版『リーダズ・ダイジェスト』が思い浮かんで、頭のなかでワルツを踊る。

はたまたこれは、私がティナ・ターナーとクリッシー・ハインドを崇拝して育ったせいだろうか。だって、彼女たちが、マアムになるなんてありえる？　ジョアン・ジェットは？　エレンは？　エイミ・タンは？

それなのに、社会は今も、このしなびたコサージュのような言葉を女性につける。

けれどまあ、究極の霊的到達点にいたれば、マアムという言葉に苛立つことはないのかもしれない。つまるところ、人々が名前をつけて呼ぶ究極の存在とは誰なのか？　そしてそれを気にするのは誰なのか？　でもやっぱり、奇なる悦びの永遠の渦とかなんとか呼ばれるほうが、かっこよくないだろうか。

じゃなかったら、何にもつけないとか？

あなたのいない世界

この世にいなさい。しかし、この世のものになってはいけません。
――ナザレのイエス

私とあなたが存在しなかった時はない。私たちが存在をやめる時もない。
ゆえに、たった今あなたに向けられている役をこなしなさい。
――バガヴァッド・ギーター

ヨガの終わりにはかならず、シャヴァアーサナという死体のポーズをする。先生のローラはいつも、これが最も上級者用のポーズで、この世から完全に離れて、精神的、霊的にかたく閉じていた部分がひらくと言う。

先日も彼女のクラスで、いつものように皆で仰向けに寝転がり、目を閉じて手のひらを上に向け、シャヴァアーサナを始めた。オークランドの鈍い喧騒が聞こえた。救急車が一台、甲高い音を鳴らして通り過ぎていった。ヒップホップ音楽か何かが一瞬大きく鳴り響き、静かになった。階下のパン屋から、焼きたてのロールパンの香りがふわりと漂ってきた。

私たちが深いリラックス感に浸っていると、ローラが言った。「皆さんはすでにこの星を旅立ったと想像しましょう。そして、自分がいなくても世の中が完璧にまわっているのを、イメージします。すべてがうまくいっています」

私はそれを、八〇年代のあの病気だった長い期間にすでに経験していた。働けず、歩けず、まともに考えることすらできず、完全には去らないまま、この世に対して感覚がなくなっていた。

やがて治ったが、あの経験があって、私という存在はすっかり変わった。

それ以前の私は、――真の山羊座で土星のスクエアが四つの人間らしく――仕事が自分の存在理由だと思っていた。それどころか、おそらく私の無理ながんばりが面倒の一切を引き起こした。好かれるように、良く評価されるように、そして何より、一角《ひとかど》であれるようにと必死で、私は昼も夜も働いた。

しかしあるとき倒れると、それでも世の中はとてもうまくまわり続けるのを、不気味なほど目撃した。そして一九九〇年に快復したとき、私は変容していた。以前と違って、何も重要じゃなくなっていた。自分がいかにあっさり誰かに取って代わられ、忘れられるかを目の当たりにしたことは、奇妙な贈りものであり、天啓だった。

ひとたび黄泉《よみ》の国から戻ってくると、タイ風カフェでココナッツスープを飲み、風のそよぐ砂浜を歩くだけで、その幸運が信じられない思いだった。

その驚異の念が消えることは、けっしてなかった。


自分の特別さを知るのと同時に、自分はかならずしも必要でないと知っておくのは、良いことです。

そうすれば、あなたはすべてを手放し、すべてを享受することができます。

そして、このうえなく見事でばかげたこの物語のなかで、徹底的に、奔放に、自分の役割を演じることができます。

溶けゆく雪のひとひらにも、風に漂う葉にも、池でダンスを舞う精霊にもなれます。

そしてもし、ここで過ごす束の間にあなたのすることが誰かの心に触れたなら、それで充分です。

Chapter Sixteen
BE WHAT THE WORLD NEEDS

第16章
世の中に
必要とされる人であれ

嫌悪セラピー

問題は拷問をする人ではなく、私たちがその人を嫌いはじめたことだった。それから、私たちは道を見失った。——ティック・ナット・ハン

あるとき《トライベッカ・カフェ》にいると、ひとりの男が店内に入ってきて私の視線をとらえたかと思うと、つかつかと歩み寄ってきた。

「よう、グロリア」彼は怒りに声を震わせて話しだした。「こんなところで会うとは奇遇だな。わかってたぞ、おまえがそのうち仕掛けてくるってな。間抜け弁護士に通知を送らせて、どうするつもりだ？　あの安っぽい卑劣な野郎を使って俺を怖がらせて、もっと金をせしめるつもりか？」

彼が卑猥《ひわい》な言葉も交えながら何分か怒鳴りつづけるあいだ、私のなかのライター魂は、「ああ、ニューヨークに住めなくて寂しい！」と思っていた。

少しして、周りの席の人たちが耳をそばだててこちらに視線を注ぐなか、私は黙ってサングラスを外し、じつは彼の長年嫌ってきた元妻ではないことを明かした。ただのそっくりさんですよ。

彼はひどくまごついて、お化けでも見たかのように入り口まで後ずさりした。

外に出ていきながら、「なんてこった、服装まで似てる」とつぶやき、床に目を凝らした。「メフィストのサンダルまで一緒だ。すまない、本当に申し訳ない」

この男の一件は、素晴らしい教訓になった。彼の暴言は〝私〟には無関係なので、愉快なくらいだった。個人的にまったく気にならない。

けれど、大きな怒りというのは、ああいうものではないだろうか。ひょっとしたら、スーパーの買い物カートに置き去りにされた三歳のときのことを、自分でも気づかないうちにいまだにわめき立てている人もいるかもしれない。

以前、参加していたスピリチュアルな集まりで、ある男から〝ひと目嫌い〟されたのを感じた。彼はどういうわけか、出会った瞬間に私に嫌悪感を抱いたのだ。

ある夜、私はあの人も何か助けを借りることができればと思い、哀れな彼のために祈りたくてたまらなくなった。あまり幸せそうにも見えなかった。ともかく、私には失うものはなかった。ほぼ毎晩、緑のキャンドルを灯して彼に愛と喜びを送った。

一か月ほど後、彼がもそもそと近寄ってきた。「言っておくことがある。前はあんたにマジでむかついてた。そしたら今は、腹が立たないことに腹が立ってる。あんたが何をしてるか知らないけど、あんたのことは嫌いじゃない」と、彼は半分怒った口調で言い、立ち去った。

彼とはそれ以降話していないが、あれで充分だった。最も怒りを抱えた人が、最も助けを必要としていることがある。彼らに祝福を送ってどうなるか、それはわからない。ひょっとしたら、あなたは彼らに善を送る唯一の人かもしれない。

知る由もない。

泥棒を捕まえるということ

不盗に立脚するなら、あらゆる繁栄を達成できる。
――パタンジャリのヨガ・スートラ　二章三十七節

神の源について、そして、すべての繁栄と善は特定の人や仕事ではなく、神からやってくるという知識について、私は多くを書いてきた。ひとたびこの源の蛇口のひねり方を知ると、人は自分に向けられたものは有機的な形でやってくると確信する。これは完全に学習可能な技だ。

以前、有名な作家が占ってほしいと電話をかけてきた。私がたいして名声に感銘を受けないと誰かに聞いて、私を選んだということだった。平等主義の水瓶座に四つの星を持つ私は、かなりあたっていると認めた。

私にとってはどの人もひとつのチャートであり、仮面舞踏会で着飾って人間のふりをしている、色彩ゆたかな神の表現のひとつだ。おびただしい数の占いをしてくれば、そんなふうに思えてくるものなのかもしれない。それになんだかんだ言って、このくだらない文化が何を主張しようとも、お金や権力だけではほとんど幸福につながらないのを、間近に見てきた。

さて、その作家は懺悔のために電話をかけてきた。著作で大金を稼いでいたが、それが盗作だったことは、彼女自身がわかっていた。何年か前に、つつましやかな自費出版の本から中身を盗用したのだ。彼女はその人に許可を求めようと連絡を試みたこともなく、何かしらの形で彼の存在を認めたこともなかった。

その意外な顚末《てんまつ》はこうだ。原著者が追及してくることは一切なかったが、彼女は莫大な成功にもかかわらず欠乏感と恐怖のなかで生きていた。家を二軒手に入れると、三軒欲しくなった。ひとつのトークショーに出演すると、十回出たくなった。さまよえる飢えた亡霊のごとく、彼女は果てしなく貪欲で、けっして休まることのない状態で生きていた。盗用したことで、欠乏という牢獄に閉じこめられてしまったのだ。

そこで、まだエルセリト近郊に住むという彼に連絡をとって真剣に詫びを入れ、賠償をしてはどうかと私はすすめた。その考えを聞いて、彼女は気が楽になった。

彼女がいくらたくさん持っていようとも、豊かさを感じるにはカルマを無効にする必要があるだろう。

道からそれたヨギーニ

私には、人生のあらゆる状況で完璧な結果がやってくるという、揺るぎない信念があります。というのも、私は全面的に神に管理させ、適切な行動に導いてもらっているからです。
——キャサリン・ポンダー

感謝祭のときに、マウラという地元のヨガ教師から連絡があった。彼女は自分の生徒が減っていることに怯えていて、理由を知りたがっていた。

話しているうちに、理由が明らかになった。彼女は、生活費をまかなうのに必要な生徒数をしきりに計算していた。ほかの教師全員を競争相手と考え、不安を抱えていた。そして昨今の経済状況で人々が出費を控えるようになって、個人レッスンも減っていくと想像していた。高まる恐怖のなかで、彼女は生活費をまかなうために、絶えず新しい人をつかまえては巧みに操ろうとしていた。しかし、人々は彼女の触手を感じとると、当然ながら逃げた。

要するに、彼女にはひとつの大きな問題があった。生徒候補者ひとりひとりを、源にしていたのだ。

けれど、それとは丸きり違う方法もある。

「苦しみを取り除く仕事ができてラッキーだ、と思ったらどうなる？」私は訊いた。「〝最終的な収支〟は神に属していて、あなたの役割はただ、できる限りの愛をこめて奉仕することだけだとしたらどうする？」

「タダで教室をしろってことですか？」彼女は一蹴《いっしゅう》した。「生活費はどうするんです？」

「いいえ、そうじゃない。料金はとっていいの」私は続けた。「だけど、エネルギーを低い生き残りのチャクラからハートに移せば、奇跡がやってくる。神を源ととらえれば、資金はどこであれ神の選ぶところからやってくる。これはどんな生計の手段にでも使えるけど、あら、あなたヨガを教えているじゃない！　どうして問題の要素から神を外せるのよ？」

「それに、とにかく」私は続けた。「競争なんていうものはないの。あなたは自分自身の特質に応じて、人を引き寄せる。あなた特有のエネルギーに引かれる人は、かならずあなたを見つけ出す。角を曲がるたびにヨガ・スタジオがあるかどうかなんて、心配する必要はないの」

マウラは不機嫌そうに、「バークレイでは、あるんです」と言った。

「ええ、でも、あなたはひとりしかいない」

そこで彼女は、それから数週間しっかり祈りつづけた。

「私のレッスンから得るものがある皆の求めに応じます。私を必要とするすべての人が、私のことを見つけられるようにしてください。この苦しみを手放させてください。神は私のあらゆる繁栄の完璧な源であり、与えてくれます」

彼女が執着を手放すにつれ、再びクラスに人が集まってくるようになった。彼女は、必要な人には無料レッスンもした。

そして、そもそもなぜヨガを教えることに魅力を感じたのかを、思い出したのだった。

どうして皆を喜ばせるの？

皆の意見という首なわを手放しなさい。
——ローリ・アンダーズ

唯一の罪は、人に役立つ知識を持っていて、それを秘めたままにしておくことだ。
——作者不詳

ソサにはずっと前から占いをしている。彼女はモンタナに拠点を構えていて、都会のアート界とは疎遠だ。最近ロサンゼルスで初めて大々的にショーをしたところ、一夜にして人々の期待の声が高まった。彼女はふいに、インターネットを使えば世界中に作品を伝えられるとわかった。

彼女は超人的な出生チャートの持ち主でもあり、死と再生の惑星である冥王星の影響も強く、歩けばどこでも土煙をあげる。人々は一瞬にして彼女を大好きになるか、または嫌うかのどちらかだ。彼女はとてもエネルギーが強いので、部屋に一歩足を踏み入れるだけで、その場の空気を変えてしまう。

敏感な天秤座に三つ星が入っていなければ、つまり、ごく小さな反感にすらいちいち屈辱を覚えるのでなければ、そのことは何の問題でもなかった。

彼女が電話をかけてきたのは、インターネットで自分のことを宣伝するのが気詰まりだったからだ。彼女の気持ちはわかった。多くのマーケティング専門家が勧めるような押し売りもどきのことをするくらいなら、私なら一日に歯を三本抜いたほうがましだ。あの大半が、腹痛のもとになるだけだ。

けれど、それとは別の方法もある。

もしあなたが、人に与える価値のあるものを持っていると強く思うなら、愛の行為としてそれを人々に告げたくなるものだ。それどころか、人々の利益になる何かを持っているのに分かちあわないとしたら、見当違いの利己主義にもなりうる。

〰

先日、ソサの魂が大胆で宝石のような色彩で絵を描くのが一瞬頭に浮かんだ。彼女のよく行く、メキシコや南米の色合いだ。鮮やかなターコイズブルー、フクシアの花のような明るい赤紫色、紫色、金色。でもそこには用心深い天秤座の彼女もいて、いつもすべての色をぼかし、差し障りのないソフトで優しいパステル色をつくっていた。

ふむ、このお嬢さんは全然パステルなんかじゃないのに。

ソサの作品は純粋に人々を芯まで揺り動かすのに、彼女は無益な偽りの謙虚さによって、それを知られないようにしていた。私は、まずはウェブサイトをつくって、少しソーシャルネットワークもして、船を水の上で走らせてみてはどうかと言った。

こんな感じで祈るのもいい。

「私は神の秩序を仕事に呼び入れます。私のところに導かれるか、私のことを知る必要のある人にとって、正しいタイミングで、正しい形で、皆の利益のために、作品が公開されるようにしてください」

自分を必要とする人々を呼び寄せるために、彼女が心の中心から神の秩序を使ったのなら、彼らはかならずやってくる。

抑制と喜びが同居しているチャートがある。たとえるなら、見事なすみれが小さな植木鉢に入って、日当たりのいい窓辺に置かれている感じだ。けれど、本来のソサのエネルギーはもっと堂々としていて、太陽に向かって大きく羽ばたく、派手で向こう見ずな楽園の鳥なのだ。
そして彼女が本来のエネルギーを自分のものにできたとき、大地そのものが、長く深いため息をつくことだろう……安堵して。

〰

しばらく神に波長を合わせれば、何かが起こる。

物事はまさにしかるべき形で、
必要なスピードとタイミングで展開していることを、
あなたは細胞レベルで感じはじめる。
そして、その一連のプロセスを信頼するようになる。
ひっきりなしに押すことを、たいていの人がここに生まれて学ぶけれど、
あなたはそれをせずに、力を抜く。
ある根源的な、神秘的なレベルで、

ただゆだねる。
（エゴの）夢が叶わなくなると恐れて感じるような、
苦々しい思いでゆだねるのではない。
消極的になってゆだねるのでもない。
なぜなら、あなたはたしかに正しい行動で示すから。
むしろこれは、力を抜いて、
流れはどこに向かうのかと、
穏やかなワクワク感に浸るということ。
執着はないけれど、物語の展開からは目を離さない。
あなたは受け入れる準備ができていて、
やってこようとするものに対して広々とひらかれている。

それが開花できるよう、
あなたは余すところなく場所を与える。
最高のものが、
何かしらの形で、

やがて姿を現すと信じている。

神を源とするなら、
しがみつくべき計画は何ひとつないと、あなたはわかっている。
それに、願望リストを握りしめて、
エゴの予定をさらに押し進める必要がないこともわかっている。
静かな待機の周期にいるときは、
ひと息つく。
なぜなら、歯車はまた回りはじめるとわかっているから。
休憩をするのは、正しい行動が明かされるにつれ、
すべきことがたくさん出てくると知っているから。
繭《まゆ》を引き裂いてこじあけるよりは、
むしろ、しるしとタイミングを待つ。
ひょっとしたら遅れは歓迎すべきことかもしれない、と信じている。
遅れはいいことかもしれない、と信じている。
遅れもすべて完璧だと信じている。

そして今ここにいて、
自分自身の誕生を、
ただ見守る。

謝辞

examiner.comでのコラムが本に変身したら、人生にどんな冒険（そして試練）が訪れてくるのか、私は何もわかっていなかった。幸運にも、神は想像を超える支援を送ってくれた。この作品が存在しているのは、ひとえにある方々のおかげである。

いつも変わらず電話で相談相手になってくれたアリス・ターケルは、私の無二の山羊座仲間であり、歩く編集者であり、助言者であり、ヒーラーであり、そしてチアリーダーでもあった。この立ち往生した車を幾度となく雪だまりから引きずり出してくれた彼女には、感謝してもしきれない。彼女は私の最愛の友であり、姉妹だ。

クリスティアン・ノースロップ博士は、語り尽くせないほど多くの意味において、この本の守護天使である。そして、私にとって真のカーリー的魂の姉妹だ。

リサ・ランキン博士は、出会った瞬間から私の人生を変えてくれた。彼女の友人であることを、幸運に思う。彼女の勇気や知性、そして美しい心に、日々元気をもらっている。そして彼女のハイキングのスピードは、私がどんなにがんばっても敵わないと思う。

マシュー・クラインは、私が無意識のうちにしていた深い祈りに応じて現れた。結果的に、私の仕事の完璧なマネージャーとなり、導き手となった。彼の寛大さとビジョン、そしておかしなくらいの機転の速さには、日々感謝している。

そしてアトリア・ブックス社の編集者であるジョハンナ・カスティリョ。初めて電話で話したときから、この本がどういうものになるかを〝つかんで〟いてくれたことに、ありがとうと言いたい。あなたは母の誕生日に現れた。母があなたを送ってくれたことはわかっている。あなたは真の贈りものです。

ステファニー・テイドは、考えられる最高のエージェントだった。優しく、スピリチュアルで、同時に卓越したビジネスウーマンでもある。

ヘザー・マハンは願ってもないアシスタントであり、隣人であり、そして常駐の猫の女神であった。そのうえ、毎日と言っていいほどとにかく私を笑わせてくれる。

チーラ・ローム・スミスはドラァグ・キングかつ素晴らしいアーティストで、素敵な表紙をつくり、いつも笑いを提供してくれた。

ドナ・インサルコは、寛大さと大胆不敵さの入り混じるニューヨーク風イタリア的創造力を発揮して、裏表紙の写真を撮ってくれた。

ノースカロライナに住むセレステ・グレイは洞察力あふれる編集者で、初版時に構成を決める力になってくれた。

マイケル・ファンタジアは、ありがたいことに、素晴らしい手腕で本書を原版から〝本物〟の本にしてくれた。

サラ・ブーショは私の最愛の子守りであり、あらゆる種類の困難を通じて、手を握っていてくれた。

カイエル・カリバーは素晴らしいサポーターだったというだけでなく、すべての出版パーティで卓越した酒ボーイであった。

そして、本書の原版が出た後に私のフェイスブック仲間になってくれた方々に、深くお礼を言う。彼らの愛と支援、そしてマニアックな笑いが本当に支えになった。過去三年のあいだ、ほぼ毎朝彼らと一緒に執筆を続けた。皆さんのことが大好きです。

最後に、弟のマイケルに感謝を伝えたい。彼はあるとき、「姉さんが作家になるのはわかっていたよ。ただ、自分では最後まで気づかないかなとは思ってたけどね」と言っていた。

また、サンフランシスコのExaminerにも、出会いを感謝したい。

そして、このパーティを始めさせてくれたフローレンス・スコヴェル・シンに。

そして、私をしっかり現実に結びつけてくれている、ニサルガダッタ・マハラジ、バガヴアン・ニティヤーナンダ、そしてアジャシャンティに。

なかでもとりわけ、どこまでも魅力的で、魅惑的で、私の心をとらえて放さない、すべてを生かしているあの神聖なる力に、究極のシャクティに、格段の感謝をもって礼を送る。

〜〜〜

私はあなたのものです。

本書について、読者から十の質問

Q1．本書のタイトル（原題は、Outrageous Openness。「とんでもなく全開」という意味）が大好きです。命名の経緯を教えてください。

じつは、二〇一一年に、Outrageous Optimism（「とんでもなく楽観的」という意味）という題名になる予定でした。ところが自費出版する二日前になって、同名の本がすでに存在していることがわかったのです。

私は動揺を抑え、この本で述べているままを実行しました。完璧な題名はすでに選ばれていて、正しい形で姿を現すと神に申し出ました。すると、内側から温かな穏やかさが感じられました。その日しばらくして、ペディキュアをしにいこうと思い立ちました。変なことになんとなく、そこに行けばしるしが得られるとわかったのです。

サロンで色を選んでいると、鮮やかなターコイズブルーに惹かれたのですが、それが『ひらきなさい』という名前でした。そういうわけだったのです!

これは、神は正しい答えを送るためにこちらが適当に選ぶペディキュアさえも、あるいはほかのどんな経験をも使うことができるという証拠です。神はただ、私たちにかかわっていたいのです。

Q2. 引き寄せの法則や現実化に励むのと、これはどう違うのですか?

焦点がとても違います。とはいえ、本書には引き寄せの法則が部分的に含まれています。たとえば、思考はたしかに現実に影響を与えます。もしつねに否定的なことや怖いことを考えていると、決まってそういう経験を引き寄せます。本書のキーポイントのひとつは、高い波動を保つということです。

現実化に励むというのは、窮屈で疲れることのように思います。なぜなら、そこからは神が排除されているからです。エゴが〝宇宙からもらいたいもの〟を書き連ねた買い物リストをつくることもよくありますが、その性質上、結果が非常に制限されます。友人はそれについて、『これ現実化しちゃったけど、どうやって捨てたらいいの?』という愉快な本まで書きました。願望のすべてが至高善にかなっているわけではないのです！

とんでもなく全開になるということは、神との仲睦まじい関係を可能にするということです。この愛の力は私たちの心も魂も知り尽くしているので、こちらがそれに波長を合わせるようになれば、自分の根底にある願望が驚くような形で満たされます。私はいつも、「私自身は何も現実化していない。それどころか、そんな興味はゼロ。むしろ、神が私を通して何をするのかを見るほうがいい」と言うのが好きです。本書では、本来起こるべきことが起こるように問題を神に捧げ、自分自身は脇にのくことを学びます。現実を操作するのをやめ、善が自分を通じて起こるようにします。あなたもこの愛の力を招き入れ、自分自身を使ってもらうことができます。最も高次の力にとっての乗り物となれるよう頼めば頼むほど、そうなっていきます。

Q3. あなたの本は好きですが、私は共同で創造することが大事だと思っています。望みを神に告げ、それから一緒に作業するのです。それとこの本とはどう違うのですか？

長年にわたって大勢の人々を見てきて気づいたのですが、ほとんどの人は、（エゴの）望みを手に入れる方法を神に告げることが共同創造だと思っています。私はこの愛の力に使われたいのであって、その逆ではありません。これは願望が消え去るということではなく、願望がこっちのほうがいいという好みとなって、捧げられるということです。神をエゴに奉仕させるのとは、とても異なります。

もし具体的に必要なことがあれば、私は、「完璧な答えはすでに選ばれていて、神の意志に従って正しい形とタイミングで示されます」と言います。これだと、神なる愛が「いいえ、それはたった今あなたに必要なことではありません！」と言う余地もできます。愛に主導権をとらせるというのは、そういうことです。とにかく捧げて、捧げて、捧げます。

Q4．私が必要なものを神に告げないとなると、神はどうやってそれを知ればいいのですか？　宇宙がこんがらがらないように、具体的にビジョンボードをつくる必要があるのではないでしょうか？

神が、あなたを、創ったのです！　冗談も大概にしましょう。いかに神が些細なことにも応じてくれるか、この生き方をしている私はいつも驚嘆しています。自分では欲しくも必要とも思っていなかったことも、やってきて初めて必要だったとわかることもあります。それで私はいつも、「おお、どうしてわかったのですか？」と思います。

Q5. あなたは願いを叶えたくないのですか？

神が私に望むことに、叶ってほしいです。私自身の願いは、とりわけ二十代や三十代の頃は、破滅と傷心の道しかもたらしませんでした。『十二ステップのプログラム』〔訳註：中毒や強迫観念などからの回復を目的とする十二のステップ〕で〝我を張って騒ぎまわる〟ことにふれているのには、もっともな理由があるのです。私はまさに、その申し子でした。

神に願いを捧げるということは、それが満たされるか、遅れるか、あるいは無視されるかをゆだねるということです。すると願いや望みが、こっちのほうがいいというひとつの好みとなります。それによって、願望への執着がなくなり、余裕や平和が生まれます。するとあなたは、もう強迫観念の奴隷ではありません。執着がなくなったことで、より高次の計画が現れる余地ができるので、思ってもみなかった形で物事が頻繁に起こるようになります。それは純粋でシンプルな幸福をもたらします。

Q6．私は、「天はみずからを助ける者を助ける」という言葉を信じています。神に主導権をとらせるというのと、ただ受け身でゴロゴロ寝ているのとどう違うのですか?

これはとてもよくある質問なので、以前、「神に主導権をとらせることと、何もしないことはなぜ無関係なのか」というタイトルでブログを書きました。私たちの文化はその性質上とても二元的なので、〝実現させる〟か〝受け身〟のいずれかに焦点をあてます。でも神を信頼するというのは、そのどちらでもありません。神に主導権をとらせるというのは、問題を(そして人生丸ごと!)捧げてしまって、正しい行動が正しいタイミングに浮かびあがるようにすることです。いつ待つべきか……いつ行動すべきかは、わかってきます。すべてが有機的にやってきます。機が熟していないのに何かをして、時間を無駄にするのをやめます。青信号で道路を渡るようになります。待ち方がわかるようになります。この取り組みは、すればするほど簡単になっていきます。本書は、その方法を余すところなく説明しています。

Q7．そもそも神が存在すると信じない人に対しては、どんなことを言いますか?

二年前にこの本が出版されてから何千ものお便りを受けとってきましたが、なかでも気に入っているのは、無神論者と不可知論者からのご意見です。ここで述べた考えが実を結ぶようにするために、従来の神の概念を信じる必要はまったくありません。伝統的な宗教にうんざりした多くの人々が、この本を通じて、エゴより偉大な力との調和を取り戻しています。単に〝愛〟や〝鳥を空中に浮かせる力〟と考えるだけでも、充分です。捧げる対象は、そういうものでも、最も賢い大いなる自己でもかまいません。それでちゃんと機能します。試しに一度、実験してみてはどうですか？

Q8．とっかかりとして、どういう方法が最も簡単ですか？　私は変化の必要性に気後れしています。

とてもシンプルな方法があります。たとえば、神の箱について書いた第四章を読んで、箱をひとつ用意してください。この箱を通して、あなたは心配や不安を神に捧げます。重荷を神に渡し、それが〝あなた〟の問題であるという考えを手放してください。たいていの人にとって、これは理想的な出発点です。

ほかには、適当にこの本をひらくのもよいです。最初から隅々まで読む必要はありません。ただ質問をして、どんな答えが出るかを見てみましょう。

あるいは、「神よ、私をひらいてください。たった今知るべきことを受け入れられるように。あなたが望む変化を受け入れられるように」というふうに祈ってもよいです。または自分で祈りをつくってください。とんでもなく全開になるということは、密接なつながりのエネルギーを呼び入れることです。多くの精神世界の講座や本が教えているように、ルールに従うことではありません。

Q9．神に主導権をとらせるというのは、毎日が二十四時間ハッピーなパーティになるということですか?

もちろん違います。ほかの人と同じように、私にも大変な日もあれば、きついこともあります。ただ違うのは、私が神の助けを一日中ひっきりなしに招き入れているということです。今ではそれが習慣化していて、すべてを変えてくれます。より大きなエネルギーが、すべてを導きます。幸い、これは誰でもできるようになります。

Q10. とんでもなく全開になるとは、どういう意味ですか?

エゴの予定や買い物リストを手放すと、神の計画が入りこむ余地ができます。それは、頭で考える巧みな操作をはるかに凌ぐものです。私に言わせれば、そこから真の幸福や目覚めが生じます。すると生きていることが日々驚きとなり、私たちは文字どおり、善をもたらすひとつの力として、愛に使われることができるのです。私たちを通じて、そして私たちのために、人生が起こっていきます。私たちによって、ではありません。これは本当にパワフルな生き方です。そして誰でも使うことができます……練習に応じて。

訳者あとがき

以前、関西の某大学の先生による、日本の女神についての講演に行ったことがあります。この本を訳している途中、そのとき印象に残った言葉を何度か思い出しました。

先生は、「宗教うんぬん以前に、日本の文化では〝人知の及ばない大きな何か〟がつねに認識されていた」、というようなことをおっしゃっていました。現代にもその名残があって、結婚式など晴れの舞台でのスピーチにそれが見られるといいます。たとえば新郎新婦は、「私たちは結婚することとなりました」とは言いますが、「私たちは結婚することにしました」とは、一般的には言いません。しかしよくよく考えてみると、「することとなりました」という表現は、意思決定の主体があいまいで、本人たち以外の存在を感じさせる含みがある、というわけです。

言われてみれば、たしかにそうです。いったい結婚を決めたのは誰なのか、という疑問すら成り立ちそうです。

また、「おかげさま」というのも、〝大きな何か〟を感じさせる表現かもしれません。感謝の対象がはっきりしていなくても、「おかげさまで」と言うことはよくあります。

そういうことを考えると、私たちの文化には、その〝具体的にはわからないけれど大きな何か〟の存在を認め、感謝する習慣が日常に浸透しているように思います。そしてそれは、著者トーシャ・シルバーが神と呼ぶものに近いような気が、私はしています。トーシャはそれを、ときに女神と呼び、別のときには宇宙、愛の力、シャクティ、そして空に鳥を浮かせている力など、さまざまに呼んでいます。

日本ではあまりなじみのないシャクティについて少し補足すると、英和辞典では次のように書かれています。

（ヒンドゥー教）性力《1．Siva（シヴァ）などの神のエネルギー、Durga（ドゥルガー）、Kali（カーリー）など神妃として人格化された。2．宇宙のエネルギー。3．生殖能力、女性原理》『リーダース英和辞典』より

（ヒンズー教）《神的な力、女性エネルギー。特にシバ教では Siva（シヴァ）の配偶神として人格化され、Durga（ドゥルガー）、Kali（カーリー）と同一視される》『新英和大辞典』

より

平たく言ってしまえば、シャクティとは「神的な宇宙のパワー」、または女性エネルギーや生殖能力（生み出す力）とも関係していますから、「神的な創造エネルギー」としてよさそうです。

さて本書では、そんな神パワー、あるいは神さまを、もっと人生に呼びこむ方法を教えています。どうやらその恵みを存分に享受するには、存在を認めて崇めるだけでは不充分らしく、こちらから意識して呼びこむ必要があるというのです。そして、それとのつながりが強くなればなるほど生きやすくなり、それどころか人生が楽しくなってくるそうです。

トーシャは、自分がスーパーウーマンだったら、この本で教えている一切が必要なかった、と言っています。でも今では、人格上の限界により神に頼ることを余儀なくされて、かえってラッキーだったと思っているそうです。

かつて不安と心配ばかり抱えてとうとう病気になった彼女ですが、フェイスブックを覗くと、今では神さまと仲睦まじく、人生の波に乗っている様子が伝わってきます。それは、占いに一喜一憂したり、引き寄せの法則に奮起したりする（そして裏切られてがっかりする）のとは無縁の世界です。

日本人の気質でもあるのかもしれませんが、私たちはとかく結果を出すために、認められるために、期待に応えるために、生活のために、家族のために、単にそこはかとない義務感ゆえに、何か理由をつけてがんばってしまうような気がします。「他力本願」という仏教の言葉すらも、他人まかせ、という好ましくない意味で使われることのほうが多い世の中ですから、しかたのないことかもしれません。

でも、もしがんばるのに疲れたら、遠海で救命ボートを求めるように、大きな何かに助けを求め、ゆだねてしまってもいいと、トーシャは言っています。ゆだねた結果どうなったか、それは本書でふんだんに紹介されています。

ご興味があれば、ぜひその内容を参考に、思いきり、徹底的に、とんでもないほど全開になってみてください。けれど自分の望みではなく、神さまの望みが目の前で起こってくるのですから、ひょっとするとそれは全然受け身ではなく、わりとワイルドな生き方かもしれません。

最後になりましたが、このように貴重な機会を与えてくださった株式会社ナチュラルスピリットの今井社長に、この場を借りて感謝申しあげます。また、訳稿を提出したときに、「神の秩序のもとで、ベストな編集者がベストなタイミングで現れます」と断言した私の思いに応じて現れた（に違いない）、編集の山本貴緒さんにも感謝いたします。満月の立春という、いかにも縁起のよさそうな快晴の二月四日に第一稿が山本さんから届いたとき、私は神のはからいに感嘆した次第です。また、イディッシュ語の読み方や占星術について教えてくださった方々にも、改めてお礼申しあげます。

そしてもちろん、大切なあれを忘れるわけにはいきません。

この本がしかるべき方々のもとに、しかるべきタイミングで届きますように。その出会いに感謝いたします。

釘宮律子

二〇一五年二月

トーシャ・シルバー　Tosha Silver
いつかラビか法律家、またはお天気お姉さんになろうと思いながら育つ。しかし運命には別の考えがあった。イェール大学で英文学の学位を取得したものの、途中で物質を超えた世界のこととヨガ哲学に猛烈に恋をする。過去30年にわたって、内なる神に波長を合わせる方法を多く教えている。サンフランシスコ近郊在住。
www.toshasilver.com.

釘宮律子　Ritsuko Kugimiya
青山学院大学国際政治経済学部卒業、オックスフォード・ブルックス大学大学院にてコンピューターサイエンスを専攻、修士。日系、外資系 IT 企業勤務を経て、現在はフリーランス翻訳者、通訳。訳書に『メタヘルス』『ある瞑想家の冒険』(ナチュラルスピリット)、『マーメイドオラクルカード』(ヴィジョナリーカンパニー) など。

とんでもなく全開になれば、すべてはうまくいく
宇宙の導きに任せよう

●

2015年5月23日　初版発行
2025年5月17日　第5刷発行

著者／トーシャ・シルバー
訳者／釘宮律子

装幀／松岡史恵
編集／山本貴緒
DTP／山中 央

発行者／今井博揮
発行所／株式会社 ナチュラルスピリット
〒101-0051 東京都千代田区神田神保町3-2 高橋ビル2階
TEL 03-6450-5938　FAX 03-6450-5978
info@naturalspirit.co.jp
https://www.naturalspirit.co.jp/

印刷所／シナノ印刷株式会社

ISBN978-4-86451-165-0 C0010

それはあなたのお金じゃありません

聖なる豊かさで満ち足りて生きる！

トーシャ・シルバー 著
釘宮律子 訳

四六判並製／定価 本体 1680 円+税

待望の最新刊！

それは本当にあなたのお金じゃない。そしてもちろん私のでもない。
すべて神のものなのだ。捧げることがこの本の核心である。
それはどんな重荷も――願望、執着、病気、金回り、あるいは何であれ――
神に返すということ。
なんだかんだ言って、そもそも彼女のものなのだから！

お近くの書店、インターネット書店、および小社でお求めになれます。

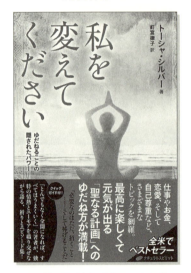